KB075929

지은이 찰스 슐츠(Charles M. Schulz)

50년간 75개국 2,600여 신문, 뮤지컬과 TV 영화, 장편 영화와 테마 파크를 통해 사람들에게 기쁨과 즐거움을 주었던 찰리 브라운, 스누피와 그 친구들이 활약하는 『피너츠』를 그린 만화가. 찰스 슐츠는 하는 일마다 실패하고 실망하지만 미워할 수 없는 찰리 브라운 같은 아이였다. 그에겐 실제로 승리의 문턱에서 좌절하고 아파했던 크고 작은 기억들이 있다. 극장에서 선착순 500명에게 캔디바를 나눠 줄 때 501번째였고, 지도 교사의 추천을 받은 그림은 교지에 실리지 못했으며, 19살에 아트 인스트럭션 스쿨에 진학하자마자 2차 대전을 맞아 학업을 중단했다. 전쟁이 끝난 다음 빨강 머리 소녀와 사랑에 빠졌지만, 여자 부모의 극심한 반대로 헤어지고 말았다. 찰스 슐츠는 독실한 기독교인답게 『피너츠』에 '믿음과 소망과 사랑'의 밝은 기운을 불어넣었고, "내일은 분명 오늘보다 나은 날이 될 것"이라는 한결같은 희망의 메시지를 담았다. 그는 이러한 낙관주의로 전 세계 독자들의 마음을 움직였다. 『피너츠』가 오래도록 사랑받을 수 있었던 이유는, 찰스 슐츠가 세상과 사람들을 향한 시선에서 한순간도 온기를 거두지 않았기 때문이다. 단일 시리즈를 50년 동안 연재하면서도 배경 그림과 캐릭터 디자인을 맡길 문하생이나 스토리 구상을 함께할 파트너 하나 없이 그 세월을 혼자 견뎌 왔다는 사실만으로도 그는 만화계의 살아 있는 전설이 됐다. 프랑스 정부는 그런 그에게 1990년 예술 훈장을 수여하기도 했다. 마지막 만화 연재에서 그는 이렇게 말했다. "사랑하는 친구들, 그동안 찰리 브라운과 그 친구들을 그릴 수 있었던 것은 내게 커다란 행운이었습니다."

옮긴이 이솔

영어영문학을 공부하고 교보문고에서 전자책 엠디로 일했다. 『프레시안무비』에 영화 기사를 쓰고 『교보문고 북뉴스』에 영화 칼럼을 연재하기도 했다. 『찰리 브라운과 함께한 내 인생』과 『사회학 공부의 기초』를 번역했다. 현재는 변호사로 일하고 있다.

찰리 브라운과 함께한 내 인생

찰리 브라운과 함께한 내 인생

My Life with Charlie Brown

아뇨, 멀 쓰고 있는 것 같아요

찰스 슐츠

이솔 옮김

유유

지니에게

메러디스, 몬티, 크레이그, 에이미, 질에게

이 책을 바칩니다.

한 남자가 스스로 쓴 자화상

　　그의 가족과 친구들에게 '스파키'라는 별명으로 더 친근한 찰스 슐츠는 20세기 미국에서 가장 많은 사랑과 존경을 받은 만화가다. 그의 코믹 스트립*『피너츠』는 미국은 물론 해외의 다양한 언어로 번역되어 2천 종 이상의 신문에 매일 실렸고, 그 코믹 스트립을 모은 책은 찰스 슐츠 생전에만 수백만 부가 팔렸으며 종종 베스트셀러 목록에 올랐다. 가장 최근에는『피너츠』전편을 모은 책 시리즈가 『뉴욕 타임스』선정 목록에 올랐다.

　　『피너츠』세계에 사는 찰리 브라운, 루시, 스누피와 다른 캐릭터들의 모습을 한 장난감은 수천 종이 만들어졌으며 지금도 계속해서 만들어지고 있다. 『피너츠』를 원작으로 한 뮤지컬『찰리 브라운, 너는 좋은 애야』는 미국 공연사를 통틀어 가장 자주 상연되는 작품으로 손꼽히며, 상을 수상하기도 한『피너츠』의 텔레비전 애니메이션은 매년 방영되고 또 디브이디로 판매된다. 찰스 슐츠가 2000년 2월 12일에 때 이른 임종을 맞은 후 10년도 더 지난 지금까지

＊ 미국의 주요한 만화 형식 중에서도 연속되는 이야기를 담은 몇 개의 칸이 띠처럼 이어진 형태의 짧막한 만화를 가리킨다. 주로 신문 연재만화가 이에 속하며, 『피너츠』는 대표적인 코믹 스트립 형식의 만화다. 이후 모든 각주는 옮긴이가 붙였다.

도, 『피너츠』 원작은 미국 전역을 아우르는 주요 신문과 해외 신문에 거듭 실리며 그 자리를 지키고 있다.

찰스 슐츠는 자신이 만들어 낸 캐릭터들이 미국 문화 전반에 미치는 거대한 영향에 이따금 놀라면서도 코믹 스트립 자체에 내재된 완결성의 원칙을 고수했다. 1950년 10월 2일에 처음 실린 코믹 스트립부터 그가 세상을 떠난 다음 날인 2000년 2월 13일 일요일에 실린 마지막 코믹 스트립까지, 슐츠는 모든 평일판 만화와 일요판 만화를 직접 쓰고 그리고 칠하고 글자를 그려 넣었다. 그런 식으로 슐츠의 작업실에서는 거의 50년 치에 달하는 총 17,897편의 코믹 스트립이 탄생했다. 한 명의 작가가 이룬 양으로 봐도 슐츠의 성취에 비견할 만한 작품은 없다. 그러나 『피너츠』의 중요한 점은 다른 데 있다.

문화 전문가들이 코믹 스트립의 미학적 가치를 높이 평가하는 경우는 거의 없지만, 슐츠는 자신의 작품을 스타일 면에서는 경제적이면서도 콘텐츠 내부에는 풍부한 암시를 품은 예술로 나아가게 만들었다. 모든 예술 작품은 형태와 재료에 관계없이 축적된 전통에 의지한다. 그리고 마침내 새로운 삶과 미래를 내다보며 그 전통을 재조립하고 되살린다. 슐츠가 『피너츠』를 통해 이룬 것이 바로 그것이었다. 슐츠의 코믹 스트립은 시각 매체의 유머와 만화 예술 영역에서 이루어진 창조적 성취라는 풍요로운 유산에 기대어, 마침내 20세기 후반을 대표하여 독자와 소통하기에 적합한 형태로 거듭났다. 슐츠는 만화 매체에 현대의 사회적, 심리학적, 철학적인 갈등을 다룰 수 있는 융통성이 있음을 보여 주었다.

찰리 브라운과 그의 친구들을 괴롭히는 문제는 우리 모두가 가지고 있고 우리를 끊임없이 사로잡는 것들이다. 자신과 사회의 관계, 독립된 자아를 구축하려는 욕망, 신경 증적 행동에 대한 불안, 자기 운명을 좌우하는 능력을 향한 커다란 갈망 같은 것 말이다. 찰리 브라운의 매력은 그의 회복력에, 그를 둘러싼 비인격적인 힘에 대항하고 그 힘을 인간적인 것으로 만드는 능력에, 자신을 향상시킬 수 있고 삶에서 더 나은 선택지를 가질 수 있다는 한결같은 그의 믿음에 있다. 찰리는 그의 불안감과 패배, 확신과 작은 승리 속에서 우리가 감정 이입할 수 있는 존재가 된다. 찰리를 통해 우리는 영혼의 부활과 마음의 치유를 경험한다. 슐츠의 이 놀라운 재능은 신문의 만화 면에 묻혀 있는 자그마한 그림을 통해서 매일 세상에 전해졌다. 20세기의 마지막 절반 동안 슐츠는 우리의 대표적인 대중 철학자였고 치료사였으며 신학자였다. 임시 상담소를 운영한 루시와 달리, 슐츠는 언제나 우리 곁에 있었다.

슐츠는 정교하게 연마된 시각 예술가로서의 기량을 지녔을 뿐 아니라 글을 쓰는 일에도 능숙했다. 그는 자신을 작가라고 생각해 본 적이 없었고, 보통은 언어와 결합시킨 만화 이미지에 의지하여 의미를 전달했다. 그러나 슐츠는 기회가 있을 때면 문체와 간결함 면에서 경탄을 불러일으키는 명료하고 이해하기 쉬운 산문을 써냈다. 슐츠는 강연을 해 달라거나, 잡지나 신문에 실릴 기사를 써 달라거나, 그의 선집에 넣을 자전적인 글을 써 달라거나, 만화가라는 직업 선택에 대한 글을 써 달라는 요청을 종종 받았다. 슐츠가 그 요청에 응해 글을 쓰면 그 결과물은 대개 통찰력이 있고 매력적이었으며, 슐츠와 그의 일에 대해 다른 누가 쓴 글보다 흥미로운 사실을 더 많이 보여 주었다.

이 책은 슐츠의 대표적인 산문을 모아 한 권으로 묶은 것으로, 그중에는 출판된 원고도 있고 아닌 것도 있다. 독자들은 슐츠에게서 그의 어린 시절에 있었던 일과 만화가로서 성장한 이야기를 직접 듣게 될 것이다. 이 책에서 슐츠는 매우 광범위한 주제에 대해 이야기한다. 그의 창조력과 영감의 근원, 『피너츠』의 탄생, 코믹 스트립에 등장하는 각 캐릭터의 의미, 만화가로서 보내는 하루 일과, 드로잉 토크를 하는 방법, 만화가가 되는 방법, 애니메이션과 텔레비전 방송을 만들 때 그가 맡았던 큰 역할까지. 또한 이 책에는 슐츠의 많은 개성 역시 드러나 있다. 슐츠의 직업 윤리, 철학에 대한 태도 그리고 세월이 지나면서 스스로 결국 '세속의 인문주의자'라고 칭하게 된 슐츠의 종교적 신념 같은 것 말이다. 「끈기에 관하여」 같은 글에서는 유머에 대한 슐츠의 이론도 엿볼 수 있다.

사물의 즐거운 면을 보는 성격을 가진 사람은 가장 밑바닥에 있을 때, 모든 것에 아무런 희망이 없다고 느낄 때 뜻밖에 최고의 아이디어를 떠올릴 수 있을 것이다. 행복에서는 유머가 나오지 않는다. 행복한 상태에는 재미있는 요소가 전혀 없다. 유머는 슬픔으로부터 나온다.

『피너츠』에서는 작가가 지닌 사고의 깊이와 원숙함을

분명하게 볼 수 있으나, 슐츠는 자신을 지적인 사람이라고 생각하지 않았다. 그는 고등학교를 졸업하긴 했지만 주로 넓고 깊은 독서를 통해 독학으로 세계의 훌륭한 사상이나 문학을 공부한 사람이었다. 슐츠는 평론가와 대학교수가 그의 작품에 관심을 드러내는 것을 놀랍게 여겼지만, 그들이 경의를 표하기 위해 슐츠의 작업실에 찾아올 때면 자신의 위치를 지키면서 대화를 나누거나 인터뷰를 했다. 슐츠는 대학에 가지 않았던 것을 후회했던 듯하며, 학문적이고 지적인 삶을 매우 높게 평가했다.

슐츠가 동료 작가들과 친구들의 책에 써 주었던 수많은 서문과 소개 글, 책 띠지의 홍보 문구, 짤막한 논평은 이 책에 싣지 않았다. 슐츠의 자료에는 글 한 편으로 완성되지 못한 메모와 논평 또한 남아 있는데, 그중 일부를 여기에 소개한다.

작금의 삶에서 사람을 가장 심란하게 만드는 요소라고 한다면, 대부분의 사람은 일반 노동자가 장인으로서 자부심을 지니지 못하는 상황을 들 것이다. 우리는 화려한 것들 사이에 둘러싸여 있으면서도 우리가 산 물건들 속에서 실패를 겪으며 끊임없이 분노한다. 내가 젊은이에게 해 줄 수 있는 충고가 하나 있다면, 한 가지 일만이라도 잘하는 법을 익히라는 것이다. 또 거기에 더해서 자신이 가진 직업의 근간이 되는 요소들을 팔아 치워서는 안 된다는 말도 하고 싶다. 자신의 일을 높은 평원에서 수행하라. 나는, 책들이 시장의 각종 왜곡에 맞서야 하는 이런 시대에 순수로 가득찬 책『행복은 포근한 강아지』를 우리가 어떤 속임수도 없이 80만 부 넘게 팔아 냈다는 걸 자랑스럽게 말할 수 있다. 신이 부여한 재능을 가지고 있다면 그 재능을 배은망덕하게 사용해서는 안 된다.

그날의 마지막 그림을 끝낸 뒤 연필을 필통 속에 도로 집어넣고 펜과 붓을 내려놓은 뒤 잉크병의 뚜껑을 닫을 때마다 항상 치과 의사가 의료 기구들을 접시에 내려놓고 불을 끄러 가는 순간이 떠오른다.

그중 어떤 것은 거의 철학에 가깝다.

나는 우리 모두가 어딘가로 떠났던 시절을 기억한다. 그러나 그게 어디였는지는 모르겠다. 우리는 즐거운 시간을 보냈다. 하지만 무엇을 했는지는 기억나지 않는다. 아주 오래전의 일이기 때문이다.

찰스 슐츠의 글을 묶은 이 책은 한 남자가 스스로 그린 자화상을 자세히 바라볼 수 있도록 만들어졌다. 몇 권의 전기에서 슐츠를 평가한 바 있지만, 그 가운데 어느 것도 슐츠라는 인간과 그가 한 일을 저마다 다르게 기억하는 사람들에게 만족을 주지 못했다. 이는 모든 유명한 사람의 운명이기도 한데, 특히 지금 같은 유명 인사의 시대에는 더욱 그렇다. 슐츠는 여기에 있는 글들 속에서 온전히 자신의 목소리로 말한다. 독자들은 슐츠의 정신과 영혼의 위대함을 어느 정도 직접 경험해 볼 수 있을 것이다.

편집은 주로 철자나 문법상의 오류를 바로잡는 정도만 했으며, 각각의 글에는 슐츠가 직접 지은 제목이 아닐 수도 있긴 하지만 출판 당시의 제목을 그대로 붙였다. 미출간된 글에는 편집자가 제목을 달았다. 각 글의 끝에는 원래의 출처를 붙였다.

이 책을 엮을 수 있도록 처음부터 지원해 준 지니 슐츠에게 감사를 표한다. 캘리포니아 샌타로자에 있는 찰스 슐츠 박물관과 연구 센터의 책임자 캐런 존슨의 사려 깊은 도움이 없었다면 책을 만드는 작업이 더 어려웠을 것이다. 슐츠를 알고 지냈던 경험은 이 책을 엮는 데 특별한 이점이 되었다. 그와 나눈 우정에 감사한다. 랜돌프메이컨칼리지에서 자료 조사를 도와 준 레이철 필립스와 랜돌프메이컨 칼리지의 로버트 R. 린드그렌 총장 그리고 학교 행정팀에도 감사드린다. 그리고 언제나처럼, 이 모든 것을 해낼 수 있게 해 준 도리아나에게 감사의 인사를 전한다.

2009년 3월
M. 토머스 인지

목차

나의 삶

나의 삶

Li'l Folks
BY SPARKY
『릴 폭스』, 스파키 지음 *

"움직였잖아!"

"생일 축하합니다.
생일 축하합니다.
사랑하는……
네 이름이 뭐라고 했지?"

"있잖아, 정말 나랑 같은
고등학교에 갈 거라면
나 3학년 졸업 파티 때 너한테
파트너 신청을 할게."

"아냐, 아냐, 그게 아니라고!
못 알아들었어?"

* 찰스 슐츠가 미네소타 주 세인트폴 지역 신문인 『파이어니어 프레스』에 연재했던
『릴 폭스』에 등장하는 캐릭터들이 『피너츠』의 전신이다.

찰리 브라운과 함께한 나의 삶과 예술

벌써 25년이 지났다. 매일 한 편씩 그린 코믹 스트립은 이제 거의 1만 편에 이른다. 사실, 다른 장수 코믹 스트립 작품들을 생각하면 그렇게까지 엄청난 양은 아니다. 회사원이 이 정도로 긴 세월을 회사에 헌신하면 손목시계라도 받겠지만, 코믹 스트립 작가는 그저 계속 그릴 뿐이다(코믹 스트립 작가는 결코 피고용인으로 대우받지 못한다). 나는 『피너츠』의 성공을 예상했느냐는 질문을 많이 받는다. 그 질문에 내가 "흠, 솔직히 말하면 예상했던 것 같아요. 여섯 살 때부터 이런 걸 할 작정이었죠"라고 대답하면 사람들은 놀라는 눈치다. 물론 나도 스누피가 달에 가게 될 거라거나, "행복은 포근한 강아지"라는 구절에서 수백 가지 비슷한 표현이 만들어질 거라거나, '안전 담요'가 미국식 영어 표현으로 널리 쓰일 거라는 사실까지는 몰랐다. 그러나 평생 동안 사랑한 분야에서 뭔가를 이룰 수 있으리라는 희망이 내게는 있었다.

코믹 스트립에 대해 남에게 이야기할 때 내가 중요하

게 생각하는 것은 스스로 내 일을 엄청난 예술이라고 보지는 않는다는 점을 이해시키는 것이다. 물론 내 일을 부끄럽게 여기는 것은 아니다. 내가 종사하는 만화 산업은 오락 산업의 서열에서도 아주 낮은 취급을 받곤 한다. 나는 여기에도 큰 유감이 없다. 고상한 매체의 비평가가 최신 브로드웨이 연극을 가장 심하게 폄하할 때 그 연극의 구성이 코믹 스트립 수준이라고 표현한다는 것을 잘 안다. 영화 비평도 마찬가지다. 하지만 나는 영화라는 매체가 예술 형식으로서 코믹 스트립보다 훨씬 수준이 높다고는 보지 않는다. 코믹 스트립은 창조적인 전문 분야가 될 수 있다. 가장 뛰어난 코믹 스트립을 보는 독자들은 거기에서, 대체로 한 사람의 작가가 이룬 글쓰기와 그림의 훌륭한 결합을 만난다. 그럼에도 코믹 스트립이 대중의 마음속에서 진정한 예술 형식으로 자리 잡지 못하는 데에는 몇 가지 이유가 있다. 우선 코믹 스트립은 출판업자가 자기 출판사에서 내는 간행물의 판매를 늘리겠다는 분명한 목적을 가지고 복제 생산하는 매체이기 때문에 작품이 실리는 지면에서 최고의 품질로 독자 앞에 선보이지 못한다. 복제 과정이 원본 작품의 아름다운 요소들을 앗아 가는 것이다. 또한 코믹 스트립 작가는 자신의 작품을 실어 주는 편집자와 신디케이트* 편집자

　　* 신문사와 잡지사에 연재만화를 공급하는 배급사.

등 수많은 주인의 눈치를 봐 가며 일해야 한다. 코믹 스트립은 언제나 최고의 지면에 실리지는 못하며, 같은 면에서 더 크게 인쇄되거나 더 좋은 자리를 차지하는 다른 코믹 스트립과 경쟁해야 한다. 그리고 신문 지면에는 만화 칸의 만족스러운 디자인을 해치는 저작권 스티커나 공간이 부족해서 첫 칸에 욱여넣은 제목과 같이 짜증 나는 요소들이 도사리고 있다. 캔버스 위에 작업하는 진정한 예술가는 이런 모욕적인 요소들을 참고 받아들이지 않아도 될 것이다.

최근에는 코믹 스트립을 미술관에 전시하여 그것의 순수예술성을 증명하려는 시도가 유행하는 모양이다. 칭찬할 만한 시도이긴 하지만 의문이 남는다. 우리가 무언가를 구별 짓는 방식이 그 목적보다 중요할 수는 없다. 코믹 스트립은 존중받을 만한 방식으로 그 목적을 수행하고 있다. 가독성과 지속성의 측면에서 코믹 스트립보다 뛰어난 매체는 없다. 수많은 코믹 스트립이 50년의 세월 동안 매일같이 6천만 명의 독자를 만났다. 그렇지만 독자가 많다고 해서 그것이 꼭 좋은 것이라고는 말할 수 없다. 나는 후대를 향해 말을 거는 창작물만이 진정한 예술이라고 불릴 만하다는 이론을 지지하는데, 불운하게도 이런 경지에 이른 코믹 스트립은 아주 드물다.

#

그림에 대해 가장 오래된 기억을 돌이켜 보면 작은 칠판이 떠오른다. 그 칠판의 윗부분에는 알파벳이 쓰인 종이가 붙어 있었다. 나는 그걸 보면서 유치원에 들어가기 전에 알파벳을 배웠다. 그 칠판에 지칠 줄 모르고 그림을 그려 댔던 것도, 그 칠판을 수년간 가지고 있었던 것도 기억난다.

내가 유치원에 들어간 첫날이나 첫째 주였던 걸로 기억한다. 유치원 선생님은 우리에게 커다란 크레용을 나눠 주고 거대한 흰 종이를 바닥에 깔더니 거기에 아무거나 그려 보라고 했다. 내 외가 쪽 친척 몇 명은 트윈시티*에서 캘리포니아 주의 니들스로 이주했는데, 어머니가 읽어 주는 친척들의 편지에 니들스의 모래 폭풍과 야자수를 묘사한 부분이 있었다. 미네소타의 눈보라에 익숙했던 나에게 편지 내용은 꽤나 인상적이었다. 그래서 나는 마음에 떠오르는 걸 뭐든지 그려 보라는 선생님의 말을 듣고 남자가 눈을 퍼내는 모습 뒤로 야자수를 그려 넣었다.

그 눈삽을 그릴 때 왠지 혼란스러웠던 것을 기억한다. 어떻게 해야 적당한 원근법을 적용해서 삽을 그려야 하는

* 미국 미네소타 주에 있는 미니애폴리스와 세인트폴을 통칭하는 말.

지를 몰랐던 것이다. 삽을 정면에서 보이는 대로 정사각형으로 그려서는 안 된다는 건 알았지만 그 문제를 해결할 방법은 몰랐다. 어쨌든 그게 선생님을 귀찮게 할 만한 일까지는 아닌 것 같았다. 선생님은 아이들이 그림을 그리는 동안 주변을 돌아다니다가 내 그림을 내려다보고는 말했다.

"찰스는 나중에 예술가가 되겠구나."

내가 지금까지도 잘 모르는 어떤 집안 문제가 생겨서 우리는 1930년에 이사를 하게 되었다. 내가 여섯 살 때였다. 부모님과 나는 1928년형 포드 자동차를 타고 세인트폴에서 니들스까지 갔다. 내 기억으로 그 여행은 거의 2주 정도가 걸렸다. 우리 가족은 니들스에서 1년 남짓 살았다. 돌이켜 보면 니들스에서도 즐거운 순간이 있었지만 아버지는 그 동네의 풍경에 환멸을 느꼈던 것 같다. 아버지는 원래 북서쪽으로 계속 올라가서 새크라멘토에 정착할 계획이었는데 어째서인지 여행을 마무리 짓지 않았다. 1년 후 우리 가족은 세인트폴로 돌아왔고 아버지는 옛 이발소를 다시 사들였다. 니들스로 떠났던 여행은 기억에 있지만 세인트폴로 돌아오는 길은 전혀 기억나지 않는다. 우리는 아버지의 이발소에서 두 블록 정도 떨어진 곳에 살았다. 나는 주로 내가 사는 아파트 건너편에 있는 초등학교 운동장에서 놀았다. 겨울에는 쌓인 눈을 헤치며 놀았고, 여름에는 학교 운동장에서 야구를 하거나, 당시 보던 빅터 맥라글렌의 『길을 잃은 정찰대』 같은 영화들을 떠올리며 운동장의 모래터를 사하라 사막이라고 상상하고 놀았다.

그 시절 나는 만화를 그리긴 했지만 직접 만들어 낸 캐릭터는 별로 없었다. 나는 주로 벅 로저스나 월트 디즈니의 그림을 따라 그렸다. 『팀 타일러의 운명』에 나오는 캐릭터를 그리기도 했다. 그 작품에 나오는 동물 그림이 좋았다.

만화를 그리기 시작할 무렵에는 많은 것에서 영향을 받았다. 초등학교 시절 내내 나는 모든 디즈니 캐릭터의 엄청난 팬이었다. 뽀빠이와 윔피도 아주 좋아했다. 내 바인더는 미키마우스, 아기 돼지 삼 형제, 뽀빠이 그림들로 장식되어 있었다. 반 친구들은 내 그림을 보고 자기 공책에도 그림을 그려 달라고 졸랐다. 나는 '빅 리틀 북' 시리즈와 만화 잡지를 전부 사서 다양한 만화가의 그림 스타일을 연구했다. 고등학교에 들어갈 무렵에는 밀트 캐니프와 앨 캐프의 작품에서 상당한 영향을 받았다. 클레어 브리그스(『누군가가 친구를 필요로 할 때』의 작가) 같은 초기 만화가 몇 명도 내게 영향을 주었다. 또 나는 J. R. 윌리엄스야말로 가장 재치 있고 훈훈한 만화를 그리는 작가라고 생각했다. 하지만 내게 가장 큰 영향을 끼친 작가는 『워시 텁스』, 『이지 선장』를 그린 로이 크레인이었다. 로이 크레인을 추종한 후대의 많은 만화가가 그의 쾌활한 스타일로 기초를 닦았다. 1940년대 후반 무렵에는 『크레이지 캣』 작품집이 출간되었는데, 나는 그걸 보고 평범한 아이들의 행동을 묘사하는 수준에서 한 발 나아가게 되었다. 제2차 세계 대전 이후에야 나는 처음으로 『크레이지 캣』 코믹 스트립을 공부할 수 있었다. 어렸을 때에는 그 코믹 스트립이 실린 신문을 볼 기회가 한 번도 없었던 까닭이다.

고등학교 시절에 나는 셜록 홈스의 광적인 팬이기도 했다. 나는 동네 구멍가게에서 산 스크랩북을 셜록 홈스 이야기를 그린 만화로 가득 채우곤 했다. 셔미라는 친구는 셜록 홈스 만화의 충실한 독자 중 한 명이었다. 『피너츠』 연재를 시작할 때 나는 그 친구의 이름을 한 캐릭터에게 붙였다.

#

아주 어렸을 때 나는 학문의 길에 순탄히 들어섰다. 2학년 때는 우수 남학생으로 학기를 마쳤고, 3학년 때와 5학년 때는 성적이 일취월장하여 반에서 최우수 학생으로 뽑히

기도 했다. 그렇게 초등학교 시절에는 그럭저럭 좋은 성적을 거두었으나, 중학교에 들어가자 모든 과목에서 낙제하고 말았다. 고등학교에서도 성적은 딱히 더 나아지지 않았다. 세인트폴 센트럴 고등학교 역사상 가장 형편없는 물리 실력을 가진 학생이 나라는 사실에는 의심의 여지가 없었다. 3학년이 되기 전에 받은 성적 중에서 봐줄 만한 과목이라곤 하나도 없었다. 사춘기 비슷한 뭔가가 드디어 내게 닥친 것 같았다. 나는 3학년 기말고사 성적만은 사수했다. 그것이야말로 긴 세월의 고통을 정당화해 줄 수 있는 유일한 것이었으니까.

3학년이 되자, 미술을 가르쳤던 훌륭한 여교사 미넷 패로 선생님이 내게 학교생활에 대한 만화 연작을 그려서 학교 문집에 실으면 어떻겠느냐고 했다. 나는 그 요청을 기쁘게 수락했고 바로 작업에 착수하여 패로 선생님에게 그림을 제출했다. 선생님은 내 그림을 마음에 들어 하는 것 같았다. 나는 문집이 나와서 마침내 내 만화를 인쇄된 종이로 볼 수 있게 되기만을 기다렸다. 하지만 종업식날이 되어 간절한 마음으로 문집을 뒤졌을 때 내 그림은 찾아볼 수 없었다. 선생님이 문집에 내 만화를 싣지 않은 이유는 아직까지도 모르겠다. 어쨌거나 훗날 그때 일에 대한 설욕의 기회가 찾아왔다. 『피너츠』 연재를 시작한 이후 나는 전국 각지의 고등학교에서 『피너츠』의 캐릭터를 문집에 싣고 싶다는 의뢰를 꾸준히 받았다. 이제 내 그림이 실린 학교 문집을 쌓으면 천장까지 닿을 정도다.

어른이라면 자신이 지금의 자기 자녀만 한 나이였을 때에 뭘 했고 어떤 태도를 보였는지를 깊이 돌아보는 게 중요하다. 진정으로 아이들의 문제를 이해할 수 있는 방법이란 그것뿐이다.

찰리 브라운의 아버지가 이발사라는 것은 내 경험에서 비롯된 설정이다. 우리 가족의 삶은 아버지가 이발소에서 보내는 긴 시간을 중심으로 돌아갔다. 아버지는 당신의 직업을 매우 좋아했다. 아침에 눈을 뜨고 일터로 가는 게 너무 즐겁다는 말을 내게 한 적도 있다. 아버지는 항상 오전 8시 이전에 이발소에 도착했다. 1930년대에 아버지는 언제나 6시 반 이후에 퇴근했고, 금요일과 토요일에는 밤 8시나 9시까지도 일했다. 일요일에는 쉬었다. 아버지가 가장 좋아하는 취미는 낚시였다. 때때로 어머니와 나를 야간 야구 경기나 아이스하키 경기에 데려가긴 했지만, 아버지가 가장 좋아하는 활동은 언제나 낚시였다. 그러니 아들이 낚시보다 골프를 좋아하는 것을 보고 분명 낙심하셨으리라.

나는 저녁이 되면 아버지의 이발소에 가서 아버지가 일을 마치기를 기다렸다가 함께 걸어서 집에 돌아오곤 했다. 아버지는 코믹 스트립을 좋아해서 나와 함께 그와 관련된 이야기를 하고 다음 화에서 캐릭터들에게 무슨 일이 생길지를 함께 걱정했다. 나는 미니애폴리스에서 발행되는 일요판 신문*이 배달되는 토요일 저녁 9시가 되면 근처 잡화점으로 달려가 신문을 2부 샀다. 그다음 날 아침 세인트폴에서 발행되는 신문 2부가 배달되면 아버지와 나는 만화 면에 있는 읽을거리 네 편을 확보할 수 있었다. 몇 년 후 동네 인쇄소에서 배달 일을 할 때 나는 세인트폴 『파이어니어 프레스』 건물을 지나치면서 창문을 통해 거대한 인쇄기에서 찍혀 나온 일요판 만화 면을 들여다보곤 했다. 언젠가 내가 그린 만화가 저 인쇄기에서 찍히는 날이 올지 궁금했다.

어머니도 그림을 그리는 일을 응원해 주었지만, 슬프게도 내 만화가 출간되는 것을 보지 못하고 세상을 떠나셨다. 어머니는 내가 스무 살 때 오랜 암 투병 끝에 돌아가셨다. 나는 영원히 그 상실을 극복할 수 없을 것이다. 지금 내 나이가 어머니가 세상을 떠난 나이보다 많다는 생각을 하

---

* 이 책에는 '평일판 신문'과 '일요판 신문'에 대한 이야기가 자주 등장하는데, 이를 이해하기 위해서 두 가지 신문에 실리는 만화의 형태가 다르다는 점을 알아 두면 좋다. 평일판에는 네 컷으로 이루어진 짧은 흑백 코믹 스트립이 실리는 반면, 일요판 만화 면은 컬러로 인쇄되거나 평일판보다 훨씬 많은 페이지가 할애됐기 때문에 작가들이 좀 더 길고 풍성한 만화를 실을 수 있었다. 그래서 일요판의 만화는 '일요 만화'라고 따로 불리는 등 기본 형태의 코믹 스트립과 구별해 표현되기도 했다.

면 신기한 기분이 든다. 그 사실은 나를 더 슬프게 한다.

　　내가 열세 살 때 검은색과 흰색이 섞인 강아지가 생겼다. 이 개는 스누피의 전신이 되었다. 잡종이었는데, 스누피와 같은 비글 종보다 약간 더 컸다. 사냥개의 일종인 포인터 품종과 하운드 품종의 유전자를 일부 갖고 있었던 것 같지만 야생 짐승에 가까운 동물이었다. 나는 그 강아지를 끝내 완전히 길들이지 못했다. 그 강아지는 거의 50개의 '단어'를 이해했고 자동차 타는 걸 매우 좋아했다. 강아지는 하루 종일 아버지가 이발소에서 돌아오기를 기다렸고, 토요일 저녁 9시가 다가오면 앞발을 아버지의 의자에 올려서 차를 타고 가게로 가서 신문을 살 시간이 되었음을 알리곤 했다. 그 강아지의 이름은 스파이크였다. 후에 나는 『피너츠』에 스파이크를 넣기로 결정하고는 그 형태와 무늬를 따서 개 캐릭터를 디자인했다. 만화에 나오는 개 이름은 '스니피'라고 붙일 작정이었다. 그런데 코믹 스트립이 실제로 출판되기 직전의 어느 날에 가판대를 지나면서 만화 잡지 코너를 훑다가 그와 똑같은 이름의 개가 나오는 만화를 보고 말았다. 집에 돌아와 다른 이름을 궁리해야 할 판이었다. 다행히 집에 도착하기 전에 옛 기억이 떠올랐다. 어머니는 우리 집에 다른 강아지가 생긴다면 그 개를 '스누피'라고 부르겠다고 언젠가 말한 적이 있었다.

얼마 전, 『월트 디즈니의 예술』이라는 아름다운 책을 들춰 보다가 일곱 난쟁이의 이름 후보 목록을 보게 되었다. 놀랍게도, 채택되지 않은 이름 가운데 스누피가 있었다.

#

스포츠는 어렸을 때 나의 삶에서 꽤 큰 비중을 차지했다. 동네 스포츠 수준에서 벗어날 수는 없었지만 말이다.

우리는 모두 야구에 미쳐 있었으나 아이들을 위한 리그는 한 번도 만들어진 적이 없었다. 따뜻한 계절이 짧고 뚜렷한 미네소타에서는 야외 활동을 하는 데 제약이 많았다. 봄은 내가 아주 좋아하는 구슬치기의 계절이었다. 야구의 계절이 오면 우리는 팀을 짜서 이웃 팀들과 경기를 했다. 좋은 경기장에서 야구를 하는 일이 드물었던 탓에, 땅이 고른 내야가 있고 포수 뒤에 진짜 백네트가 있어서 파울볼을 주우러 다니지 않아도 되는 야구를 하는 것이 우리의 한결같은 꿈이었다. 우리에게는 하수구 뚜껑을 들어 올리고 굴러떨어진 공을 찾으러 내려가는 일이 너무 잦았다. 우리는 작은 규모의 태클 풋볼도 했지만 그보다는 터치 풋볼을 더 자주 했다. 터치 풋볼은 확실히 태클 풋볼보다는 덜 난폭한 운동이기 때문에 부드러운 땅이 아닌 장소에서도 할 만했다.

미네소타 사람들은 모두 스케이트를 탈 줄 안다. 그러나 나는 진짜 스케이트장에서 스케이트를 배운 적이 없다. 미네소타의 모든 학교 앞 갓길에는 적어도 3미터 정도 되는 빙판이 있었고, 아이들은 그 위를 미끄러지며 빙판의 표면을 매끄럽게 만들었다. 나 또한 길이는 3미터가 못 되고 너비는 1미터도 안 되는 그런 빙판에서 스케이트를 배웠다. 진짜 링크에서 하키를 해 보는 것이 우리의 부질없는 꿈이었다. 우리는 대체로 친구네 집 뒤뜰에 있는 작은 얼음판이나 길에 있는 얼음판에서, 스케이트보다는 그냥 신발을 신고 뛰어다니며 하키를 했다. 골대는 눈덩이 두 개를 크게 쌓아 만들었는데, 조심성이 모자란 자동차 운전자들 때문에 자꾸 부서졌다.

나는 항상 골프가 하고 싶었고, 아홉 살 때는 그랜드슬램을 이룬 골프 선수 바비 존스가 나오는 단편 영화 시리즈를 보았다. 아무도 내게 골프 게임을 보여 주지 않았다. 나는 열다섯 살이 되어서야 골프를 할 기회가 생겼다. 곧바로 골프와 사랑에 빠져 버린 나는 그 후로 몇 년 동안은 거의 골프 생각만 했다. 나는 무엇보다도 만화가가 되고 싶지만, 훌륭한 아마추어 골프 선수가 되는 꿈을 꾸기도 했다. 안타깝게도, 하이랜드 파크 캐디 챔피언십 경기를 제외하고는 한 번도 골프 경기에서 우승한 적이 없지만 말이다.

누구에게나 회고할 수 있는 특정 시기가 있기 마련이다. 그 외의 시간은 우리의 기억 속에서 눈이 녹듯 사라져 버리고 만다. 나는 열네 살의 여름을 언제까지나 기억할 것이다. 우리는 동네 야구팀을 결성하긴 했지만 한 번도 제대로 일정을 짜서 경기를 한 적이 없었다. 함께 경기할 다른 팀을 어디서 찾아야 할지 몰랐기 때문이다. 우리 집은 세인트폴의 매덕스 스쿨이라는 초등학교에서 한 블록 떨어진 곳에 있었다. 돌가루가 깔린 학교 운동장은 꽤 컸고 야구 백네트는 두 개 있었지만 펜스가 없었다. 타격이 센 땅볼이 2루수나 유격수의 손을 빠져나가 외야로 굴러가는 일이 비일비재했는데, 웬만한 외야수는 잡아 내지 못할 정도로 공이 빨라서 발이 빠른 선수는 홈런으로도 만들 수 있었다. 이 운동장에서 2루로 슬라이딩할 때는 조심하지 않으면 꽤나 아팠지만, 땅이 적당하게 무른 덕에 내야를 치는 땅볼이 너무 높이 튕기지는 않았다.

그해 여름에는 해리라는 사람(그의 성은 모른다)이 운

동장을 관리했다. 해리는 야구에 대한 우리의 열정을 알고 팀을 네 개 만들어서 여름 리그를 열려고 했다. 그렇게 흥분되는 소식은 참으로 오랜만이었다. 경기는 주 2회, 화요일과 목요일마다 열릴 예정이었다. 나는 리그가 시작되는 날을 손꼽아 기다렸다. 오전 9시에 두 팀이 경기를 했고, 오전 10시 반에 다른 두 팀이 경기를 했다. 나는 항상 모든 장비를 챙겨 들고 오전 7시 반에 운동장으로 가서 경기가 시작하기를 기다렸다. 그해에는 내가 속한 팀이 우승했다. 다른 팀보다 열심히 훈련했기 때문일 것이다. 노히트 노런 경기를 한 날도 있었다. 정말이지 멋진 여름이었다. 이름밖에 알지 못하는 해리라는 남자에게 감사의 마음을 전하고 싶다.

　　우리는 해리에 대해 거의 알지 못했다. 그 나이 또래의 남자아이들은 나이가 많은 사람에게 관심을 가지는 경우가 드물다. 어느 날엔가는 우리 어머니의 제안으로 팀에 속한 남자아이 모두가 돈을 모아 해리에게 케이크를 선물했다. 해리가 우리에게 해 준 일들에 대한 감사의 표시였다. 해리는 점잖은 남자였다. 당시 스물서넛을 넘지 않은 나이에 미혼이었던 것 같다. 아마 해리는 일을 구하기 어려웠던 시절에 임시로 놀이터를 관리하는 일을 했을 것이다. 하지만 해리는 맡은 일을 멋지게 해냈고, 우리 모두에게 행복한 여름을 선사해 주었다.

나는 언제나 내가 잘 알고 있는 것을 그림으로써 내 만화에 깊이를 부여하고자 했다. 스포츠 경기에서 우리가 맞닥뜨리는 도전은 삶의 다른 부분에서 우리가 마주치는 도전에 대한 멋진 풍자가 된다. 볼링 경기에서 패배하거나, 어느 날 밤의 브리지 카드 게임에서 운이 따르지 않거나, 골프 토너먼트의 첫 라운드에서 패하여 다음 라운드 진출에 실패할 때 겪은 절망을 나는 가엾은 찰리 브라운을 통해 표현할 수 있었다. 그리고 찰리 브라운은 자기 삶의 어려움을 분석할 때마다 스포츠 용어로 그 상황을 가장 잘 표현할 수 있었다.

#

고등학교 3학년 때 어머니가 보여 준 광고에는 이런 글이 쓰여 있었다. "그림 그리기를 좋아하시나요? 무료 재능 검사를 신청해 보세요." 이렇게 나는 아트 인스트럭션 스쿨을 알게 되었다. 당시에는 연방 학교로 알려져 있던 통신 학교였다. 지금도 이 학교는 미니애폴리스에 있다. 수강 신청을 하면 내 그림들을 직접 제출할 수 있었는데, 나는 마치 몇 주州는 떨어진 먼 지역에 사는 사람처럼 우편을 통해 모든 수업을 수강했다. 내 작품에 별로 자신이 없었기 때문이었다.

　트윈시티에 있는 한 기숙 학교에 갈 수도 있었지만 나는 만화에 중점을 둔 통신 수업에 더 끌렸다. 전체 강의를 수료하려면 170달러 정도의 등록금을 내야 했는데, 당시 아버지에게는 그 정도 지출을 할 여유가 없었던 것 같다. 아버지에게 수업료 독촉 편지가 왔을 때 내가 걱정했던 기억이 난다. 아버지에게 근심을 털어놓자 아버지는 너무 걱정하지 말라고 했다. 그때 나는 대공황 이후로 아버지가 돈을 빌리는 일에 익숙해졌음을 알았다. 아버지가 수업료를 모두 지불했고 나는 마침내 수업을 모두 마칠 수 있었다.

#

　고등학교를 졸업한 후 2년 동안은 매우 힘들었다. 어머니가 병으로 심하게 앓아누운 시기가 바로 이때였던 까닭이다. 1943년 2월에 징집된 나는 미네소타 주 스넬링 기지의 모병소에서 몇 주 동안 머물렀는데, 그 기간 동안에는 주말마다 집에 갈 수 있었다. 어느 일요일 저녁이었다. 세인트폴의 강 건너편에 있는 스넬링 기지에 돌아갈 시간이 되기 직전, 나는 작별 인사를 하려고 어머니 침실에 갔다. 어머니는 몸 상태가 너무 좋지 않아서 침대에 누워 있었다. 어머니가 말했다. "그래, 우리 작별 인사를 해야겠네. 다시 만나기 힘들 것 같으니 말이다." 어머니는 그다음 날 세상을 떠났고, 그렇게 내 작은 가족은 산산이 부서져 버렸다. 나는 배를 타고 켄터키 주 캠벨 기지로 갔고, 홀로 남겨진 아버지는 다시 일상을 이어 나가려고 애썼다. 아버지는 매일 이발소에서 일을 계속하며 45년이라는 세월을 보냈다.

내가 만화로 그려 낸 여름 캠프는 모두 내가 아이였을 때의 경험에서 나온 것이다. 어렸을 때 나는 여름 캠프에 가고 싶은 마음이 전혀 없었다. 여름 캠프에 가는 일은 군인으로 징집되는 것과 다를 바가 없었다. 제2차 세계 대전이 발발했을 때도 나는 똑같은 의욕 부족을 체감했다. 군대에서 3년을 보내는 동안 나는 외로움에 통달했고, 가여운 찰리 브라운을 무겁게 짓누르는, 그리고 우리 모두가 경험하는 외로움에 대한 공감 능력을 배웠다. 나는 홀로 낮과 밤을 보내는 것과 홀로 주말을 보내는 것이 어떤 일인지를 안다. 불안감이 얼마나 불편한지도 안다. 나는 사람이 살면서 걱정할 수 있는 거의 모든 것을 걱정하는데, 내가 걱정하기 때문에 찰리 브라운도 걱정이 많아진다. 우리가 책임져야 하는 사람이 늘어날수록 근심도 늘어나는 것 같다. 인간의 성장이라는 것의 일부는 이 근심을 받아들이는 일인 것 같다. 그렇지만 내 경우에는 그렇지 않았고, 적어도 군대에서 보낸 3년이라는 세월은 내가 가진 많은 문제의 근원이 되었다. 제대할 날이 언제일지 기약도 없고 알 수도 없다는 걸 생각하면 견딜 수가 없었다. 우리는 저녁에 둥글게 모여 앉아서 그런 이야기들을 하곤 했는데, 마치 죽을 때까지 그렇게 해야 할 것 같았다. 전쟁은 도무지 끝날 기미가 없었다. 그럼에도 나는 보초를 섰던 어느 저녁을 기억한다. 켄터키 주 남부의 캠벨 기지 끝에 있던 주차장이었다. 아름다운 여름날 저녁이었고, 기지 주변에는 아무도 없었다. 주차장 구역에 있는 차량이나 기지 출입구에 아무도 접근하지 못하게 하는 것이 내 임무였다. 그때 온 세상에서 내가 걱정해야 하는 유일한 사람은 아버지였고, 나는 아버지가 홀로 잘 해낼 거라는 걸 알았다. 그 작은 보초 막사에 앉아서 나는 세상과 완전한 평화를 이루고 있는 것 같았다. 그러면서도 한편으로는 내가 그때 거기에 있기를 원치 않는다는 것도 확실히 알았다.

내 마음은 자주 그때로 돌아간다. 나는 그때 왜 그렇게 마음이 평화로웠는지 곰곰이 궁리해 보곤 했고, 『피너츠』의 에피소드 몇 가지는 그때 경험에서 비롯된 성과다. 물론 그 내용은 작은 만화 캐릭터들과 짧고 과장된 대사들로 표현되었다. 왜 만화가는 세상의 모든 근심거리에서 재미를 찾아내는 것일까? 완전히 몰입하는 걸 두려워하기 때문일까? 어쩌면 이게 정치나 사회 문제에 대한 그림을 그리는 사람이 정치 사무소를 운영하거나 사회 활동에 참여하려는 사람보다 많은 이유일지도 모르겠다. 아니면 이건 어떤 성격을 보여 주는 건지도 모른다. 진지한 발언을 시작했다가도 이내 자신이 한 말을 깨닫고는, 방금 한 말을 바꾸거나 웃음으로 무마하고 한 발 뒤로 물러서는 그런 성격.

#

고등학교를 졸업한 직후 나는 의욕에 찬 다른 아마추어 만화가들처럼 유명 잡지들에 만화를 보냈다. 그렇지만 내가 받은 것은 의례적인 거절 통지뿐이었다. 그 어떤 격려의 말도 돌아오지 않았다. 그러다가 제2차 세계 대전이 끝난 뒤 나는 본격적으로 내 작품을 팔기 시작했다. 트윈시티에 있는 회사 몇 군데를 찾아가 보았고, 미술 분야의 직업이라면 그게 뭐든 간에 내 능력을 쓸 수 있는 일을 해 보려고 했다. 그러나 실패했다. 어느 날인가는 거의 합격하다시피하여 묘비에 글씨 쓰는 일을 할 뻔했다. 그다음 날에 담당자의 연락이 없자 다행스러운 마음이 들었다. 벌써부터 친구들에게 새 직장 이야기를 어떻게 꺼내야 할지 걱정스러웠던 것이다.

그러다가 하루는 코믹 스트립 시안 꾸러미를 들고 타임리스 토픽스 사무실을 방문했다. 타임리스 토픽스는 가톨릭 만화 잡지 시리즈를 출판하는 곳이었는데, 그곳의 아트 디렉터였던 로먼 볼츠가 내 글자 도안을 마음에 들어 하는 것 같았다. 그는 말했다. "당신에게 맡길 일이 있을 것 같네요." 그러고는 다른 사람들이 이미 그림을 다 그려 놓았지만 말풍선이 비어 있는 상태의 만화를 몇 장 주면서 대사를 채워 달라고 했다. 그곳이 내 첫 직장이었다. 그로부터 얼마 지나지 않아 아트 인스트럭션 스쿨에서도 일자리를 얻었다. 다음 해 내내 나는 타임리스 토픽스의 만화책에 글씨를 써넣는 작업을 했다. 때로는 자정을 넘겨서까지 그 일을 하고, 그다음 날 아침에 일찍 일어나 전차를 타고 세인트폴 시내로 나가서 볼츠 씨의 사무실 문 앞에 작업물을 둔 뒤에, 미니애폴리스로 건너가 아트 인스트럭션 스쿨의 일을 했다.

　학교에서 내가 맡은 일은 기초 과정 몇 가지를 검사하는 것이었다. 그 일을 하면서 나는 훗날 내 삶에 큰 영향을 준 사람들을 아주 많이 만났다. 그곳의 교사들은 총명했고, 커다란 방에 감도는 공기에는 활력이 넘쳤다. 학교 사람들 모두가 상업 예술이나 만화, 심지어는 회화의 특정 분야에 비상한 관심을 갖고 있는 것 같았다. 부서의 팀장은 당시의 유명한 잡지 일러스트레이터였던 월터 J. 윌워딩이었다. 내 자리 바로 앞에 앉아 일했던 프랭크 웡은 1930년대에 짧은 기간 연재된 적이 있는 『지나간 날들』이라는 만화 작품을 그린 사람이었다. 그는 보이는 그대로 사물을 그리는 일에 완벽한 재능을 갖고 있었는데, 나는 그런 프랭크에게 많은 영감을 받았다. 프랭크는 정확하게 그림을 그리는 일의 중요성을 가르쳐 주었다. 프랭크는 어쩌면 지금의 나를 보고 실망하고, 내가 정착한 화풍을 인정하지 않을지도 모르겠다. 그래도 내가 그에게 많이 배웠다는 사실은 분명하다. 지금의 내 그림은 상당히 단순화된 스타일이지만, 그 모든 것은 해당 사물을 그리는 방법에 대한 사실적인 지식에 기반하고 있다. 그것이 신발이든, 개집이든, 아이의 손이든 마찬가지다. 만화란 결국 좋은 디자인을 하는 것과 같다. 사람

손을 올바르게 그리는 방법을 익힌 후에야 그것을 자신만의 스타일로 디자인하는 방법을 익혀 좋은 만화를 그릴 수 있다.

#

아트 인스트럭션 스쿨에서 나와 일했던 몇몇 동료와는 아직까지도 친구로 지낸다. 나는 그중 몇몇의 이름을 내 코믹 스트립에 써먹었다. 찰리 브라운은 내 건너편 책상에 앉았던 친애하는 친구 찰리 브라운의 이름을 딴 것이다. 나는 그가 다가와서 그의 이름이 붙은 만화 속 작은 얼굴을 처음으로 바라보았던 순간을 정확히 기억하고 있다. "이렇게 생긴 애야?" 찰리는 실망을 감추지 못하고 말했다. 라이너스와 프리다 역시 학교 교사였던 내 친구들의 이름이다.

그 시절은 참 즐거웠다. 항상 교사 중 누군가가 재미있는 농담을 했고, 학생들은 순진한 실수로 웃음을 자아내곤 했다. 우리는 엄지thumb를 그린 그림들을 종종 받곤 했다. 봉투에서 그 그림들을 꺼낼 때마다 우리는 학생이 '섬네일thumbnail 그림*을 그리시오'라는 표현을 또 오해했다는 것을 깨달았다. '막대 그림**matchstick figure 연습'이라는 지시도 혼

---

* 간략화하여 그린 그림.
** 머리를 동그라미로, 몸은 막대 형태로 간단하게 사람을 그리는 것.

란을 낳았다. 학생들은 진짜로 종이에 성냥개비matchstick를 붙여 보냈다.

아트 인스트럭션 스쿨의 많은 직원이 다른 일을 하려는 야심을 갖고 있었다. 나는 정규 수업 비평을 끝내고 남는 시간에는 내 만화를 그렸다. 일주일에 한 번은 꼭 내가 그린 만화를 여기저기 우편으로 보냈고, 『새터데이 이브닝 포스트』에 정기적으로 응모한 끝에 만화 15편을 판 적도 있었다. 하지만 그 외의 다른 잡지에 만화를 싣지는 못했다.

학교에서 보낸 그 시간 동안 나는 성장했다. 내 생각을 구상하고 적절하게 표현하는 능력이 꾸준히 나아졌다. 신디케이트 회사에 팔릴 만한 작품을 그리는 일이 조만간 가능할 것 같았다. 지금도 나는 내 성공의 가장 큰 공은 통신 학교 교육 부서의 '활력 넘치는 분위기'에 있었다고 생각한다. 신문사 사무실도 비슷한 분위기이지 않을까 싶다. 그래서 나는 항상 신문사 사무실에 내 자리를 가지는 날을 꿈꾸었지만, 그 꿈은 실현되지 못했다.

하여튼 염원하던 분야에서 일하게 되어 나는 몹시 기뻤다. 나는 타임리스 토픽스 잡지에 글자를 써넣는 일도 했고, 말풍선에 뭐라고 쓰여 있는지 잘 알지도 못하면서 프랑스어와 스페인어 번역을 하기도 했다. 어느 날 로먼은 내게서 '그냥 계속 웃어'라는 제목을 붙인 작은 단컷 만화들을 샀는데, 그중 한 편에서는 미래의 슈로더를 닮은 남자아이가 길가 모퉁이에 앉아 역시 미래의 패티처럼 보이는 여자아이에게 이렇게 말한다. "주디, 난 너를 사랑해 볼 수도 있을 것 같아. 네 타율이 조금만 더 높다면 말이야." 아트 인스트럭션 스쿨의 동료 교사였던 프랭크 윙은 이렇게 말했다. "스파키, 난 자네가 이 아이들이 나오는 만화를 좀 더 그리면 좋겠어. 난 이 만화가 마음에 들어." 나는 그 말을 듣고 시안 작업에 집중했고, 마침내 세인트폴 지역 신문 『파이어니어 프레스』에 주간 만화로 『릴 폭스』라는 만화를 팔았다.

나는 정기적으로 시카고에 가서 신문 만화를 팔려고 노력했다. 존 딜 주니어와 그가 일하는 신디케이트에서 대화를 나누는 것은 언제나 즐거운 일이었다. 존은 항상 친절했으며 내게 인내심을 보여 주었다. 다른 신디케이트 직원들이 모두 그렇지는 않았다. 나는 어느 날 시카고의 『선』에 들러 만화 편집자인 월트 디첸에게 내 작품을 보여 주었고, 디첸은 내 작품을 진지하게 보았다. "확실히 거절하기 힘든 작품이에요. 이걸 회장님께 가져가서 보여 드리죠"라고 디첸이 외쳤던 것을 기억한다. 우리는 회장의 사무실로 갔다. 회장은 내 작품을 거의 보지도 않고 퉁명스럽게 말했다.
"안 돼."

이 시기에 나는 이전보다 사교적인 성격이 되었고 사람과 대화하는 방법도 배웠다. 처음으로 캘리포니아 제퍼노선 아침 열차를 타고 시카고로 갈 때는 여정 내내 아무와도 대화하지 않았다. 그러나 점차 수줍음과 열등감을 극복하고 열차에서 만난 사람들과 친해지는 법, 사람들과 대화하는 법을 익혔다. 식당차에서 만나 대화를 나눈 두 사람이 기억에 남는다. 시카고로 가는 열차에서 나는 깔끔하지만 답답하게 차려입은 신사와 마주 앉았다. 서로 인사를 나눈 후, 그는 내게 무슨 용무로 시카고에 가느냐고 물었다. 내가 자기소개를 하자 그는 자신이 감리교회 목사라고 말했다. 그 말을 듣고 나는 "역시 그랬군요. 당신이 목사일 거라고 어느 정도 짐작했습니다"라고 대답했다. 이 말을 하면서, 이런 경우에 늘 그렇듯이, 나는 내가 뭔가 잘못된 말을 하고 있다는 걸 깨달았다. 하지만 이미 엎질러진 물이었다. 물론 그 뒤에 나는 왜 그가 목사일 거라고 짐작했는가를 조심스럽게 설명했다. 결과적으로 남을 모욕하는 일을 피하려고 비위를 맞춘 꼴이 되어 버렸지만 말이다. 세인트폴로 돌아가는 길에는 또 다른 흥미로운 승객과 대화를 했다. 그는 작은 음악 잡지를 출판하는 사람이었는데, 당시 나는 클래식 음악에 막 눈뜬 터라 클래식 음악에 대한 모든 이야기가 재미있었다. 문외한인 내가 주로 그에게 질문을 했지만 말이다. 베를리오즈의 『이탈리아의 해럴드』 음반을 구입한 지 얼마 지나지 않았던 나는 선율이 느껴지는 그 작품 속의 수많은 악절에 푹 빠져 있었다. 나는 『이탈리아의 해럴드』를 어떻게 보는지 그에게 물었다. 그는 잠시 동안 생각하더니 나를 바라보며 말했다. "음, 인간의 청각이란 참 이상하지요." 나는 그게 무슨 뜻인지 물을 용기를 내지 못했다. 자세히 묻지 않는 게 나을 것 같은 기분이 들었던 것이다.

나는 유명 신디케이트에 내 작품들을 계속 보냈다. 어느 날, 한 신디케이트에서 온 편지를 뜯어 보았더니 내 작품을 거절한다는 내용이 적혀 있었다. 그런 뒤에 클리블랜드에 있는 엔이에이NEA, Newspaper Enterprise Association 신디케이트 관리자에게서 온 편지를 뜯었는데 거기에는 내 작품이 매우 마음에 든다는 내용이 담겨 있었다. 이후 몇 달 동안 엔이에이에 일요판 만화를 그리기 위한 협의를 했지만, 편집자들이 막판에 마음을 바꾼 탓에 전부 다시 시작해야 했다. 1950년 봄에 나는 세인트폴 신문에 실린 것 중에서 좋은 것을 몇 가지 골라 뉴욕의 유나이티드 피처 신디케이트에 보냈다. 결과를 받기까지 얼마나 시간이 걸릴지는 몰랐지만, 길어도 여섯 주를 넘기지는 않으리라고 확신했다. 그리하여 우편물이 배송 중에 분실된 게 분명하다고 믿은 나는 마침내 유나이티드 피처 신디케이트에 내가 보낸 그림을 묘사하고 그와 비슷한 것을 받은 적이 있는지 묻는 내용의 편지를 썼다. 만약 내 우편물을 받지 못했다면 잃어버린 만화에 대한 분실 신고를 하고 싶다고도 썼다. 얼마 지나지 않아, 우편물이 도착하지 않았다는 답신 대신, 편집국장인 짐 프리먼으로부터 매우 친절한 편지를 받았다. 내 작품에 관심이 있으니 뉴욕에 와서 이야기를 좀 해 보지 않겠느냐는 것이었다.

뉴욕으로 가는 길은 유쾌했다. 아침 일찍 신디케이트 사무실에 도착하고 보니 접수원밖에 없었다. 나는 유나이티드 피처 사람들에게 보여 주었던 단컷 만화가 아니라 작업하고 있던 새로운 코믹 스트립을 가지고 갔다. 난 그저 그들에게 조금 더 나은 걸 보여 주고 싶었다. 나는 사무실 접수원에게 아직 아침을 먹지 않았으니 나가서 먹고 오겠다고 했고, 사무실로 돌아와 보니 이미 사람들이 내 단컷 만화보다는 스트립을 출판하는 게 좋겠다고 결정을 마친 뒤였다. 나부터가 코믹 스트립을 더 좋아했으므로 이 결정이 반가웠다. 나는 미래에 대한 희망에 잔뜩 부푼 채로 미니애폴리스에 돌아와 한 여인에게 청혼을 했다. 그 여인이 내 청혼을 거절하고 다른 사람과 결혼한 그 순간에, 틀림없이 찰리 브라운이 내게 다가오고 있었을 것이다. 패배자들은 일찍 출발하는 법이니까.

찰스 슐츠, 『피너츠 25주년 기념 – 찰리 브라운과 함께한 나의 삶과 예술』, 홀트 라인하트 앤드 윈스턴 출판사, 1975년, 11~36쪽.

신앙 고백으로서의 『피너츠』

한번은 어떤 인터뷰어가 내게 편지로 이렇게 물었다. 만화에 등장하는 찰리 브라운이 내가 어린 시절에 겪었던 힘든 일들을 어느 정도 반영한 캐릭터가 아니냐고 말이다. 아마 그럴 거다. 하지만 찰리 브라운은 다른 수십만 명의 문젯거리를 반영한 캐릭터이기도 하다. 내가 사람들로부터 받은 편지에서 확인한 바에 의하면 그렇다. 내가 생각하기로, 찰리는 주변 사람들이 정말로 자신을 좋아하는지 끊임없이 확인하고 싶어 하는 모든 이의 고민을 반영하는 캐릭터다.

한편, 담요에 대한 라이너스의 애착은 우리가 집착하는 것을 상징한다. 우리 집 아이 셋은 모두 어린 시절에 담요를 가지고 온 집을 돌아다녔다. 어른 중에도 우스꽝스러운 버릇을 가진 사람이 있다. 얼마 전에 나는 담요를 싫어하는 라이너스의 할머니가 라이너스네 집을 방문하는 내용의 만화를 그렸다. 할머니는 담요를 갖고 다니는 라이너스의 버릇을 고치려 들었고, 결국 라이너스는 할머니도 하루에 커피를 서른두 잔이나 마셨다며 쓴소리를 했다!

나는 외동아이로 자랐는데, 내가 군에 입대한 바로 그 주에 어머니가 돌아가셨다. 내 작은 가족에게 이 사건은 엄청난 타격이었다. 제20기갑사단에 배치됐던 나는 결국 기관총 사수가 되었고, 우리 사단은 전쟁이 끝나기 직전에 배를 타고 독일로 가서 다하우와 뮌헨 해방을 도왔다. 우리는 또한 영영 실현되지 못한 일본 침공 계획에 참가하기로 되어 있었다.

입대하기 얼마 전, 나는 동네 교회의 목사를 알게 되었다. 목사는 미네소타 세인트폴에 있는 아버지의 이발소에 왔고, 나는 그와 친구가 되었다. 그로부터 얼마 지나지 않아 우리 가족은 그에게 어머니의 장례식 설교를 부탁했고, 나는 전역 후에 그 목사가 있는 교회에 다니기 시작했다. 교회에는 이십 대 청년만으로 구성된 활동적인 모임이 있었다.

청년 모임에서 성서를 공부하면서 나는 내가 진정으로 신을 사랑한다는 사실을 깨달았다. 내가 알았던 모든 것이 산산이 깨어지는 순간에 나를 구해 준 것도, 내가 수많은 어려움 속에서 살아남을 수 있게 해 준 것도 신이라는 사실을 알게 되었던 것이다. 그 깨달음은 대단한 결단의 순간에 찾아온 것이 아니었다. 어느 일요일 저녁 예배에서 깨달음을 얻은 것도 아니었다. 그리고 내가 예수 그리스도에게 헌신하기로 한 게 언제였는지 확실하게 말할 수도 없다. 그저 갑자기 '그곳'에 있었고, 거기에 도달했을 때는 언제부터 그렇게 되었는지 알지 못했다.

나는 기꺼이 예수 그리스도를 받아들였다. 나는 언제나 신이 내게 안배하신 것에 감사한다. 건강, 교육, 가족 그리고 이제는 역사 속으로 사라진 제2차 세계 대전의 경험까지도.

청년 모임에서 함께한 시절이 지나고 나서 저마다의 사정으로 흩어졌지만, 모임 사람 가운데 많은 이들이 다른 교회에서 활동하게 되었다. 나는 캘리포니아의 세바스토폴에 있는 교회에서 성인을 대상으로 주일학교 수업을 하고 있다. 특히 새로 온 신자가 두려워하거나 어색해하지 않고 질문을 하거나 자신의 관점을 피력할 수 있도록 독려한다. 어느 분야의 초심자가 되어서 해당 주제에 대해 별로 아는 게 없음을 절감하는 것은 당연히 끔찍한 경험이다. 대부분의 사람이 성서에 대해 느끼는 감정도 그와 같다. 내 목표는 사소한 질문이라도 거리낌없이 할 수 있는 분위기를 만드는 것이었고, 누군가 수업 외 시간에도 책을 읽고 있다고 하면서 난생처음 혼자 성서를 공부하게 되었다고 말해 주면 굉장히 신이 났다.

PEANUTS
featuring "Good ol' Charlie Brown"
by SCHULZ

내 손등에 생긴 혹 좀 봐.

'결절종'이 생겼네.

이걸 고치는 방법이 뭔지 알아? 누가 성경책으로 때려 주면 낫는대.

© 1986 United Feature Syndicate, Inc.

뭘로 때린다고?

어쩌면 '틴데일'이나 '두웨이'를 써야 할지도…… 아니면 '모팻'을 써야 할지도 몰라…….*

뭐라고 중얼거리는 거야? 여기 이걸로 때려.

3-30

퍽!

BONK!

* 모두 성서의 번역판 이름이다.

아,
이런!

무슨 일이야?

어떤 번역판이
제일 효과가
좋을지 모르겠네.

옛날에는 킹 제임스 판을 썼을 것 같은데…….
개역 표준판도 똑같이 효과가 있겠지.

뭐 하는 거야?
손을 때려야지!

미안,
누나가
움직여서.

난 했어야 할
일을 해야겠어.
의사한테 연락할
거야.

잠깐만! 이건
성경책이 아니라
『두 도시 이야기』였어!

나는 만화를 그리면서 일반 편집자와 교회 편집자라는 두 부류의 편집자와 일했다. 신문 신디케이트를 통하여 일반 출판사와 일할 때는 작품의 표현 방식에 주의를 기울여야 했다. 나는 사람들에게 전달하고픈 메시지가 전체 코믹 스트립을 통해 너무 뻔히 보이도록 표현하기보다는 약간 완곡한 방식으로 요점을 전달하곤 했다. 결과적으로 나는 온갖 종교 활동에 종사하는 사람들로부터, 코믹 스트립을 이용한 내 방식의 설교에 감사한다는 내용의 편지를 받았다. 이런 것들이 내게 만화를 계속 그리게 만드는 힘을 준다.

이따금 사람들은 내 아이들(여섯 살짜리부터 열네 살짜리까지 있다)이 많은 아이디어를 제공하는지 궁금해한다. 별로 그렇지는 않다고 해야겠다. 반려 동물을 보면서 이야깃감을 얻지도 않는다. 다들 알다시피 스누피는 관찰보다는 사고의 결과물이다. 어느 누구도 개집 지붕 위에 누워 있는 개를 본 적이 없을 테니까!

앞서 말한 것처럼 나는 교회 잡지 편집자와도 일하는데, 십 대를 대상으로 한 내 만화는 매주 70가지 교회 출판물에 실린다. 이 출판물은 전혀 다른 매체다. 여기에서 나는 때때로 툭 튀어나와 사람들이 만화에서 보고 싶어 하지 않는 것들을 말한다. 나는 교회 출판 편집자들에게 만화에서 아무 말도 할 수 없을 바에야 아예 그리지 않는 편이 더 낫다는 걸 알려 주려고 애쓰고 있다. 아무 의미도 없는 유머는 가치가 없기 때문이다.

그렇기 때문에, 나는 만화가가 자기 나름대로 설교를 할 자유를 누려야 한다고 믿는다. 나는 편집자에게 이렇게 말한다. "만화가에게는 작업할 자유를 줘야 해요. 만화가를 참아 주기도 해야 하고요. 만화를 그저 '지면을 채우는 것'이라고 생각해서는 안 돼요." 물론 나는 내 편집자 친구들을 무척 좋아하며, 이렇게 다양한 사람이 만화를 출판하고 있다는 사실이 놀랍고 기쁘다.

이렇게 다시 나는 인간관계에 감사하게 된다. 나는 나 자신과 우리 모두를 인내하는 신의 존재에 끊임없는 감사를 느낀다. 예수가 남긴 말씀을 읽을 때마다 기쁨을 느끼지 않을 때가 없다. 나에게 예수 그리스도란, 그를 통해 신을 보고 인간에 대한 신의 마음을 이해할 수 있도록 만들어 주는 존재다.

나는 여전히 교회에서 '경건한 삶'이라고 부르는 것을 믿고 있으며, 어떤 직업을 가진 사람이든 그러한 삶을 살 수 있다고 생각한다. 우리는 몇 년 전 『행복은 포근한 강아지』를 출판하면서 의미 있는 사실을 증명한 바 있다. 즉 주변을 한 번 훑는 것만으로도 무가치한 문학 출판물을 엄청나게 많이 볼 수 있지만, 그럼에도 전적으로 순수한 내용이 담긴 책이 출간 즉시 수백만 부 팔리는 시장이 존재한다는 것이다. 이 사실은 대중이 질이 낮고 타락한 것만 원한다고 외치는 사람들에게 어떤 의미가 있을까? 나는 어떤 식으로든 대중에게 읽히고, 보이고, 들리는 창조 활동을 하는 이들 모두가 신약 성서 「필립비인들에게 보낸 편지」* 4장 8절에 나온 구절로 항상 자신을 점검할 필요가 있다고 생각한다. "형제 여러분, 끝으로 여러분에게 당부합니다. 여러분은 무엇이든지 참된 것과 고상한 것과 옳은 것과 순결한 것과 사랑스러운 것과 영예로운 것과 덕스럽고 칭찬할 만한 것들을 마음속에 품으십시오."

최근 나는 안도감이라는 주제로 짧은 만화 연작을 그렸다. 아마도 내가 예수 그리스도에 대해 느끼는 감정은 이 연작의 마지막 만화에 가장 잘 묘사되어 있으리라. 만화에서 라이너스는 침대에 팔을 받치고 무릎을 꿇은 채로 이렇게 말하고 있다.

"안도감이란 혼자가 아니라는 것을 아는 것이다."

찰스 슐츠, 「피너츠」, 『컬리지어트 챌린지』, 1963년.

* 이 책에 인용된 성서 구절의 번역문은 공동번역판을 따랐다.

세인트메리칼리지 졸업 축사

이 아침에 저는 신약 성서 「로마인들에게 보낸 편지」 8장 26절의 내용을 기초로 삼아 제 생각을 이야기해 보겠습니다. "성령께서도 연약한 우리를 도와주십니다. 어떻게 기도해야 할지도 모르는 우리를 대신해서 말로 다 할 수 없을 만큼 깊이 탄식하시며 하느님께 간구해 주십니다."

세인트메리칼리지의 용기에 찬사를 보냅니다. 우리 나라에서 졸업 축사 연사로 만화가를 초대하는 학교는 여기밖에 없을 테니까요. 저는 이 요청을 개인적으로는 영광스러운 칭찬으로 받아들이는 동시에, 항상 좋은 대우만을 받을 수는 없는 특정 직업군에 대한 굉장한 찬사로 여길 것입니다. 세상에는 이따금 생활 예술이라는 이름으로 불리는 직업을 깎아내리려는 거대한 흐름이 존재합니다. 만화는 그 목록에서도 가장 아래에 있지요. 그러나 오늘날 9천만 명의 독자가 매일 만화를 진지하게 읽고 받아들입니다.

저는 『피너츠』를 읽은 대중의 반응에 언제나 놀라움을 느낍니다. 지난 몇 개월 동안 저는 소프위드 캐멀*을 타고

---

* 제1차 세계 대전에서 활약한 영국의 복엽식 전투기로, 전투기 중 가장 높은 격추 기록을 보유하고 있다.

붉은 남작*과 싸웠던 이들, 그리고 스누피가 상상 속에서 항상 격추하는 최전선 지역을 잘 아는 이들로부터 계속 편지를 받았습니다. 몇 주 전에는 전국 각지의 사람들로부터, 만화에서 이사를 떠난 라이너스와 루시를 다시 예전 동네로 돌아오게 해 달라고 부탁하는 전화를 받았습니다. 저는 라이너스와 루시의 아버지를 새로운 도시로 전근시킨 회사를 통제할 권한이 제게 없다고 대답했습니다. 그러다가 어느 일요일 아침, 저는 전혀 예상치 못했던 문제를 일으키고 말았습니다. 그날 아침에 발간된 신문에서는 찰리 브라운과 친구들이 다 함께 크로케 경기를 하고 있었습니다. 루시는 찰리 브라운의 공을 치다가 거리에서 몇 블록 떨어진 곳까지 공을 보내 버렸습니다. 사실 루시가 공을 너무 멀리 쳐 버린 탓에, 만화의 마지막 칸에는 공중전화 박스에 서 있는 찰리 브라운이 나옵니다. 찰리 브라운은 이렇게 말하지요. "내 순서가 돌아오면 전화해. 내 전화번호는 343-2794야."

처음 그 장면을 구상했을 때는 제 전화번호를 넣을 작정이었습니다. 하지만 더 좋은 생각이 떠올랐지요. 캘리포니아 벌링게임에 친한 친구가 살았는데 그 친구는 『피너츠』텔레비전 애니메이션의 프로듀서로, 사람들과 통화하

---

* 제1차 세계 대전 당시 독일 항공대의 격추왕이었던 만프레드 폰 리히트호펜의 별명. 전투기를 붉게 칠했기 때문에 이와 같은 별명을 얻었다.

는 것을 좋아했습니다. 코믹 스트립에 그 친구의 번호를 넣는 건 이상할 게 없어 보였습니다! 아, 운명의 일요일 아침 6시, 첫 전화벨이 울립니다. 전화벨은 저녁 9시를 지나서까지 이어집니다. 전화를 받을 때마다 다양한 연령대의 목소리가 들려왔겠지요. "네 순서야, 찰리 브라운."

다른 일요판 만화 한 편은 상당한 관심을 불러일으켰는데, 오늘날까지도 유효한 이야기를 다루고 있습니다. 비전과 희망, 꿈에 대한 것이었으니까요. 만화에서 찰리 브라운과 루시, 라이너스는 작은 둔덕에 누워서 하늘에 떠 있는 푹신한 구름들을 바라봅니다. 루시가 말하지요. "상상력을 좀 발휘하면 구름 모양에서 많은 걸 볼 수 있어⋯⋯. 라이너스, 넌 뭐가 보이는 거 같니?"

"음, 저쪽에 있는 구름들은 카리브 해의 영국령 온두라스* 지도 같아. 저쪽에 있는 구름은 유명한 화가이고 조각가이기도 했던 토머스 에이킨스의 옆모습이랑 조금 비슷하게 생겼네⋯⋯. 그리고 저기 있는 구름 떼는 돌팔매질을 당하는 성 스테파노 같은 인상을 줘⋯⋯. 사도 바울이 저기 한쪽에 서 있는 게 보여⋯⋯."

"잘하는구나." 루시가 말합니다. "찰리 브라운, 너는 뭐가 보여?"

---

* 지금의 벨리즈.

"어, 난 새끼 오리랑 말이 보이는 것 같다고 말하려고 했는데, 마음을 바꿨어!"

지난 한 주 동안 전국 각지에 있는 학교에서 연사들은 졸업생에게 다양한 주제로 이야기를 했습니다. 작년에 크리스마스 텔레비전 방송을 할 때, 우리는 아이들이 크리스마스의 진짜 의미를 탐색하는 모습을 보여 주는 뭔가를 하고 싶었습니다. 며칠 동안 깊이 생각한 끝에, 저는 결국 우리가 낸 모든 아이디어가 가장 핵심적인 진리, 그러니까 크리스마스의 진정한 의미는 성 루가의 복음에서만 찾을 수 있다는 사실에서 완전히 벗어나 있다는 걸 알았습니다. 그래서 우리는 라이너스가 그 유명한 성서 구절들을 암송하는 장면을 방송에 넣었습니다. 오늘도 똑같은 걸 하겠습니다. 제가 무엇을 말하려 하든 저는 신약 성서로, 제가 굳건히 믿는 진실을 담은 문장들로 돌아가게 됩니다. 「요한의 복음서」 마지막 장에서는 베드로와 토마, 나타나엘, 제베대오의 아들들, 이름이 나오지 않은 두 제자가 과거 종사했던 어부의 일을 다시 하게 됩니다. 우리에게 진실이 스며들도록 이 이야기를 여러 번 읽어야 할 때도 있습니다. 저는 산꼭대기에서 벌어진 예수와 악마 사이의 극적인 갈등에 대해 읽었던 걸 기억합니다. 악마는 예수에게 이 세계의 모든 왕국을 주겠다고 했지만 예수는 그 제안을 거절합니다. 우리는 이 이야기를 읽고 예수가 이스라엘의 왕이 될 기회를 거절했다고만 여깁니다. 그러나 예수는 우리 대다수가 몇 년이 지나야 알 사실을 깨닫고 있었습니다. 이 대면에서 진실은 악마가 거짓말을 하고 있다는 겁니다! 악마는 이 세계의 모든 왕국을 예수에게 줄 수 있는 힘을 갖고 있지 않았습니다. 만약 예수가 유혹에 굴복했다면, 그는 로마 정부에 즉시 처벌되고 말았겠지요.

다시, 물고기를 낚다가 동 틀 무렵에 돌아오는 베드로와 그의 친구들이 있는 티베리아 호수로 돌아갑시다. 예수는 베드로를 바라보며 묻습니다. "요한의 아들 시몬아, 네가 이 사람들이 나를 사랑하는 것보다 더 나를 사랑하느냐?" 베드로가 "예, 주님. 아시는 바와 같이 저는 주님을 사랑합니다." 하고 대답하자 예수는 말합니다. "내 어린 양들을 잘 돌보아라." 그리고 예수는 두 번째로 묻습니다. "요한의 아들 시몬아, 네가 나를 정말 사랑하느냐?" 베드로는 대답합니다. "예, 주님. 아시는 바와 같이 저는 주님을 사랑합니다." "내 양들을 잘 돌보아라." 그리고 세 번째로 예수는 베드로를 바라보며 묻습니다. "요한의 아들 시몬아, 네가 나를 사랑하느냐?" 이 말을 들은 베드로의 입에서 흘러나올 수 있었던 홍수와도 같은 말들을 상상해 보십시오. 그 해명과 사죄와 고통스러운 눈물을 상상해 보세요. 그러나 베드로는 더 좋은 대답을 알고 있었습니다. 훌륭한 믿음의 대답을요. "주님, 주님께서는 모든 일을 다 알고 계십니다. 그러니 제가 주님을 사랑한다는 것을 모르실 리가 없습니다."

오늘의 흥분이 사라지고 비전이 조금씩 흐릿해져 갈 때, 그래서 하고 싶은 말로 기도할 수 없게 되었을 때, 우리는 고개를 들고 베드로와 같은 믿음을 담아 이렇게 말할 수 있어야 할 것입니다. "주여, 당신께선 제가 당신을 사랑한다는 것을 알고 계십니다."

1966년 6월 11일 강연.

찰스 슐츠와 『피너츠』

찰리 브라운과 스누피를 비롯해 우리가 해 온 여러 일에 대한 기사를 전부 읽어 봤지만, 월트 디첸이 가장 큰 도움이 된 만화가라는 사실을 언급한 기자는 아무도 없었다. 월트가 시카고에 있는 신디케이트에서 일할 때 나는 시안 꾸러미를 들고 월트의 회사를 방문했는데, 그는 꽤 번거로운 일인데도 불구하고 시종일관 내게 절실하게 필요했던 충고와 도움을 주었다. 이런 사실이 모두에게 알려지지 못해 그가 정당한 대우를 받지 못한다는 게 항상 안타깝다.

『피너츠』는 공간을 절약하는 형태의 코믹 스트립으로 시작했다. 분명 이런 코믹 스트립 형태였기 때문에 잘 팔릴 수 있었을 테고, 다른 형태로는 공간을 얻기 힘들었을 몇몇 신문의 지면에서 자리를 지킬 수 있었을 것이다. 하지만 나는 이 점에 항상 죄책감을 느끼는데, 만화 창작에 좋지 않은 경향이 생겨나는 데에 내가 확실히 일조했다는 생각이 들기 때문이다. 우리가 극심한 경쟁을 극복하고 서로 협조하여 표준을 만들어 내지 못한 것이 안타깝다. 나는 신문의 만화 면에서 내게 할당되어 있는 공간이 가장 작고, 다른 만화가가 검은 테두리를 사용하면서 이목을 끄는 중요한 공간을 쓰고 있을 때는 그보다 더 눈길을 끌기 위해 고군분투해야 한다는 걸 아주 오래전에 배웠다. 내가 쓸 수 있는 공간이 여유롭게 확보될 때까지 그러한 노력은 계속되어야 했다.

만화가 저드 허드가 떠오르는 걸 뭐든 써 달라고 했으므로, 나는 만화가라는 직업을 유지하기 위한 노력에 관해 몇 가지를 더 생각해 보았다. 만화를 그리는 일을 생존을 위한 투쟁으로 여기는 만화가도 있는 것 같다. 나는 만화라는 매체에 그렇게 비관적이지는 않지만, 개선되어야 할 부분이 많다고 보기는 한다. 가장 나쁜 부분은 평일판만 보거나 일요판만 구독하는 독자를 챙기는 시스템이다. 토요판과 일요판, 월요판에 같은 만화를 실으면 그 신문을 꾸준히 구독하는 독자는 괴로워진다. 신디케이트에서 다양한 접근 방식을 사용한다는 것은 알지만 이는 바보 같은 시스템이다. 우리의 매체에는 충분한 유연성이 있다. 각기 다른 이야기를 연재할 수도 있고, 만화의 연속성을 크게 걱정할 필요도 없다. 또한 나는 코믹 스트립에서 범죄 이야기를 많이 다뤄서는 안 된다고 믿는다. 미스터리 만화는 멋진 것이고 모험물은 반드시 필요하다. 그러나 텔레비전 유행을 따라가려는 시도는 치명적이다. 솔직히 말해, 만화가 영화관 스크린이나 텔레비전 화면과는 다른 매체라는 사실을 간과한 채 영화나 텔레비전을 모방하는 만화가는 잘못된 길을 택한 것이다.

관심 있는 독자가 있을지 모르겠지만 최근에 나는 작업실을 옮겼다. 새 작업실은 아내와 함께 3년 전에 지은 레드우드엠파이어 빙상 경기장*에 있고, 워런 록하트의 사무실도 여기에 있다. 워런과 나는 크리에이티브 디벨럽먼트라는 이름의 새 회사를 차렸는데, 이 회사에서 우리는 텔레비전 프로그램에 대한 참신한 아이디어를 많이 만들고, 부가 상품을 담당하는 다양한 저작권 업체와 긴밀한 협력 관계를 맺고 있다. 지금 우리가 진행하는 가장 큰 프로젝트는 리 멘델슨, 빌 멜렌데즈와 함께 작업하는 새로운 영화다. 제목은 '내 사랑 스누피'인데, 전작인 『찰리 브라운이라 불리는 소년』보다 열 배는 나은 작품이 될 것이다. 우리는 전작을 만든 이래로 많은 걸 배웠고, 이번 새 영화가 크게 인기를 끌 것이라 기대하고 있다. 이 영화 프로젝트에서 나는 각본을 맡고 있다. 나는 완전한 편집 권한을 가지고 모든 대사를 썼으며, 스크린에서 관객이 볼 영화의 모든 장면을

---

* 찰스 슐츠가 소유한 빙상 경기장으로 1969년에 개장했다. 캘리포니아 주 샌타로자에 위치하고 있으며, 흔히 '스누피 빙상 경기장'이라는 애칭으로 불린다.

창작했다. 다행히 리와 빌과 함께한 작업은 매우 수월했다. 서로가 각자 맡은 영역을 절대 침범하지 않았기 때문이다. 나는 내가 영화에 뭘 바라는지 알지만 내 한계 또한 알고, 애니메이터의 상상력이 필요한 특정한 장면들에 그들이 능력을 발휘하는 데에 아무런 불만이 없다.

지금 막 떠오른 이야기를 하겠다. 엘리베이터에서 만화가 칼 로즈와 만나 내 이야기를 나누던 중 오해가 생겨 내가 개신교 목사라는 소문이 퍼졌고, 그로 인해 신뢰를 얻거나 비난을 받는 일이 생겼다. 가끔 내가 감리교회나 장로교회의 목사였다고 하는 사람도 있는데, 사실 나는 살면서 한 번도 목사 비슷한 것이 되어 본 적이 없다. 나는 순전히 신학을 공부하는 평신도일 뿐이고, 그 이상의 지위를 가진 것처럼 군 기억이 없다. 로버트 쇼트의 책 두 권*은 그의 고유한 관점과 의견이 담긴 저작물이다. 내가 『피너츠』를 그리면서 성서 인용구를 많이 넣은 건 사실이다. 내가 성서 인용을 즐기기 때문인데, 그 덕분에 완전히 새로운 사고의 지평을 열고 모든 교파의 종교인을 독자로 끌어당길 수 있었다. 비록 성서가 '코믹 스트립처럼 저급한 매체'에 인용되어서는 안 된다고 생각하는 사람들에게는 비판을 받았지만.

나는 『피너츠』가 지난 5년 동안 상당히 많이 변했다고

---

* 로버트 쇼트는 『피너츠』를 소재로 기독교 서적을 쓴 장로교회 목사로, 여기서 말하는 책은 그가 쓴 『피너츠 복음』과 『피너츠 우화』를 지칭하는 것으로 보인다.

본다. 이전보다 익살이 줄었고, 인물의 성격이 만화를 이끌어 가는 것 같다. 또 독자의 충성도를 믿게 되기도 했다. 나는 모든 독자를 매일 만족시킬 수 있다는 생각은 절대 하지 않는다. 너무 '깊이 있는' 아이디어를 다루는 것의 위험성도 제대로 알게 되었다. 그런 아이디어를 이해하는 사람은 뿌듯함을 느끼면서 그 코믹 스트립에 예전보다 더 많은 관심을 기울이고 애정을 갖게 된다. 내가 써먹은 아이디어 중가장 '깊이 있는' 종류는 찰리 브라운이 언덕 위에 있다가 스누피가 언덕으로 끌고 올라온 썰매에 '로즈버드'라는 이름을 붙이는 모습을 보는 장면일 것이다.* 나는 '여왕뱀'이나 '도둑고양이'처럼 매우 유치해 보이는 말을 쓰는 것도 매우 좋아한다.** 그러나 이런 요소를 넣는 데는 위험도 따른다. 유치한 걸 즐길 기분이 아닌 독자가 유치함을 있는 그대로 받아들이지 못하면 모든 게 허사가 될 수도 있는 것이다. 그러나 나는 이런 위험은 무릅쓸 가치가 있다고 믿었으며, 다행히 유나이티드 피처 신디케이트의 편집자들은 기꺼이 내 의견에 동의해 주었다.

내가 동봉하는 사진 두 장을 저드가 인화해서 실어 주면 좋겠다. 우리가 여기서 짬이 날 때 뭘 하고 지내는지 알

---

* '로즈버드'는 오손 웰스가 감독과 주연을 맡은 전설적인 영화 『시민 케인』에 등장하는 썰매의 이름이며, 영화에서 가장 중요한 키워드이기도 하다. 여기서 슐츠가 말하는 '깊이 있는' 아이디어란 이렇게 배경지식을 지닌 소수의 독자만 알아볼 수 있는 요소를 가리킨다.

** 작중에서 라이너스가 두려워하는 가상의 동물들이다.

수 있는 사진들이다. 당연한 일이지만, 우리는 여기 빙상 경기장에서 열리는 모든 스케이트 프로그램에 등록했으며 아이스하키에도 푹 빠져 있다. 낮에 경기장이 비면 우리는 스케이트를 신고 달려 나가 빠르게 경기를 한 판 한다. 여러분도 캘리포니아 북부에 머물고 있다면 언제든 찾아와 함께하시라. 다만 스케이트만큼은 가져오시길. 하키 스틱은 우리가 챙길 테니까.

『만화가의 프로필』의 편집장 저드 허드의 의뢰로 쓴 글.
찰스 슐츠, 「찰스 슐츠와 『피너츠』」, 『만화가의 프로필』, 1971년 12월호, 4~7쪽.

도둑맞은 크리스마스

학교 이야기를 하지 않고서는 결코 휴일과 아이들에 대해 논할 수 없으리라. 휴가철 행사에 아무리 많은 의미를 부여한대도, 아이들은 그 시기를 방학 숙제를 미뤘던 기간으로 가장 많이 기억할 것이다.

미네소타 세인트폴에서 지낸 내 어린 시절의 기억은 어김없이 학교에 대한 기억이다. 나는 학교 일과를 썩 좋아하지는 않았지만, 개중에 내가 좋아하는 활동이 아주 없지는 않았다. 국어 시간에는 '여름 방학에 있었던 일'이란 주제로 글쓰기를 했다. 미술 시간에는 겨울철 놀이를 하는 친구를 그리라는 과제가 있었는데, 미네소타에서 이 과제는 호수에서 스케이트를 타는 아이들을 그리라는 뜻이었다. 그림을 그리기 위해서 꼭 겨울철 놀이를 직접 할 필요는 없었다. 우리는 도시 아이였고, 스케이트를 타도 괜찮을 정도로 단단히 언 호수를 본 적도 거의 없었으니까 말이다. 그러나 우리는 항상 그런 장면을 묘사하려고 애썼고, 모든 아이가 빙판에 난 구멍과 '위험' 표지판이 솟아 있는 광경을 그렸다. 아마 코믹 스트립에서 그런 풍경을 봤을 것이다.

관찰해 보니, 아이들은 전부 얼음 구멍을 잘못 그리고 있었다. 아이들이 그린 구멍은 그냥 검은 점처럼 보였다. 만화 그리기에 관심이 있던 나는 얼음을 두 겹으로 그리면 얼음의 두께를 표현할 수 있다는 것을 알았다. 선생님이 다가와서 내 발견을 칭찬했을 때는 매우 자랑스러웠다.

그때가 내가 학교에서 성취를 맛본 몇 안 되는 순간이었다. 안타깝게도, 미네소타에서 보낸 크리스마스는 항상 실패에 더 가까운 과제와 함께 떠오른다.

매년 12월이 시작되면 나는 여느 아이처럼 크리스마스를 기다렸다. 시가지의 상점가를 뒤덮은 크리스마스 장식을 좋아했고, 내가 받게 될 선물을 간절히 고대했다. 뭐니 뭐니 해도 크리스마스의 가장 좋은 점은 학교를 2주간 쉴 수 있다는 사실이었다. 그 방학을 얼마나 기다렸던지! 그러나 그때마다 숙제를 내어 방학을 우울하게 만드는 선생이 꼭 한 명은 있었다. 어느 해의 방학은 조지 엘리엇의 『사일러스 마너』 읽기 숙제 탓에 엉망진창이 되었다. 왜 이 책을 학기 중에 읽히지 않았단 말인가? 왜 우리는 14일 동안 쉬면서 만화책을 읽고 축구와 하키 영웅에 관한 잡지를 읽으며 쉴 수 없단 말인가? 『사일러스 마너』 읽기라니, 너무나

지긋지긋했다.

십 대에게 2주란 영영 끝나지 않을 것처럼 긴 시간이다. 영원히 펼쳐질 것만 같은 방학의 첫날부터 책을 읽을 필요는 전혀 없다. 그렇게 첫 주가 당연하게 사라지고 나면, 왜 둘째 주의 초입부터 책을 읽어야 하는가 하는 의문이 든다. 어쨌든 그때까지도 여전히 일주일이라는 긴 시간이 남아 있는 것이다. 그렇게 하루하루가 사라지면서 두 번째 주의 종말이 다가오지만, 그래도 걱정할 필요는 없다. 아직 주말이 온전히 남아 있잖은가. 보통 속도로 책을 읽을 수 있는 사람이라면 누구든 그 책을 주말 사이에 다 읽을 수 있을 테니까, 걱정할 게 전혀 없다.

그러나 주말은 매우 빨리 지나가 버리고 그 사실을 미처 깨닫기도 전에 일요일 밤이 다가온다. 펼쳐 보지도 않은 책을 하룻밤에 전부 읽는 것은 불가능하다. 남은 것은 월요일 아침에 대한 공포뿐이다.

어째서 선생님들은 이런 숙제를 내는 것일까? 어째서 좀 더 재미있는 책을 읽어서는 안 되는 것일까? 교사란 정말 불합리한 존재다. 애초에 학교는 왜 가야 하는가? 크리스마스 방학은 왜 이렇게 빨리 지나가 버리는가? 왜 월요일 아침은 모든 아침 중에서 가장 끔찍한 것인가?

아, 그때는 얼마나 학교에 가기 싫었던지! 나는 대체 언제쯤에야 철이 들까? 다음번에 이런 숙제를 받으면 좀 더 잘할 수 있겠지만 이번에는 이미 늦었다. 이런 생각과 함께 학교로 향하는 등굣길은 파멸로 향하는 길 같았다.

개학 첫날 국어 수업에 들어갔을 때 교실에는 이상한 흥분이 감돌고 있었다. 국어 선생님이 수업에 오지 않았는데 아무도 이유를 몰랐다. 이윽고 우리는 선생님의 소식을 들었다. 선생님이 빙판에 넘어져 팔이 부러지는 사고를 당했다는 것이다. 자유다! 우리는 해방이다! 숙제는 취소되었고, 선생님이 돌아올 때까지 『사일러스 마너』는 읽지 않아도 되었다.

어른들은 아이들이 크리스마스에 대해 이런 추억을 가지고 있는 걸 좋아하지 않겠지만, 유감스럽게도 아이의 기억이란 이렇다.

메리 크리스마스. 만약 숙제가 있다면 빨리 해치우고, 빙판을 걸을 때는 조심하도록.

찰스 슐츠, 「도둑맞은 크리스마스」, 『레드북 매거진』, 1976년 12월호, 92·94쪽.

스누피 시니어 월드 하키 토너먼트 경기

1935년은 스포츠에 관한 한 멋진 해였다. 그해 여름 나는 처음으로 프로 야구 경기를 관람했고, 그해 겨울에는 미국 아이스하키 리그에서 세인트폴 하키 팀이 위치타 팀과 겨루는 경기를 보았다. 어렸을 때 우리는 아버지가 집 뒷마당에 만들어 준 터무니없이 작은 빙판이나 눈이 쌓인 거리에서 하키를 했다. 골대는 언제나 눈덩이 두 개였는데, 이따금 조심성 없는 운전자가 차로 골대를 망가뜨릴 때만 빼면 그다지 나쁘지 않았다.

우리 집에는 전형적인 미네소타식 지하실이 있었는데 지하실 계단 아래에 하키 골을 연습하기에 충분히 넓은 공간이 있었다. 예순다섯 살이었던 할머니는 기꺼이 빗자루를 들고 골대에 서 주었다. 나는 테니스 공을 할머니 쪽으로 치곤 했다.

할머니는 스포츠에 대해 아무것도 몰랐지만, 우리 지역 팀이 성과를 내면 좋아했다. 할머니가 가장 좋아하는 여성 스포츠 영웅은 미네소타 출신의 골프 선수 패티 버그였다. 다만 골프 점수를 어떻게 계산하는지는 끝내 이해하지 못했다.

그로부터 많은 세월이 지난 후 나는 가족과 함께 머나 먼 캘리포니아 북부로 이사했다. 이사 후 더 이상 아이스 스케이트를 탈 수 없게 되었다는 사실이 못내 아쉬웠다. 그런데 경기장을 짓는다는 소문이 마을에 나돌았고, 마침내 우리는 어느 밤에 경기장에서 스케이트를 다시 탈 수 있었다. 나의 두 아들이 하키 기술 몇 가지를 익히고 어린 두 딸이 스케이트의 즐거움에 눈뜰 무렵, 구조 문제로 경기장이 폐쇄되었다. 그때 아내에게 이렇게 말했던 것을 기억한다. "우리가 뭔가 할 수 있으면 좋겠어." 아내가 대답했다. "당신이 그렇게 말했으면 했어."

2년 후, 동네 사람들은 세상에서 가장 아름다운 빙상 경기장*을 볼 수 있게 되었다. 이 경기장 덕택에 사람들은 다시 스케이트를 즐길 수 있게 되었다. 물론 우리 경기장에는 프로 스케이트 선수도 있다. 경기장에서는 다른 곳에서도 볼 수 있는 화려하고 아름다운 아이스 쇼도 개최하고 있으며, 교향곡 연주 공연도 하고, 빙판을 덮고 빌리 진 킹, 로지 커살스, 버지니아 웨이드 같은 훌륭한 선수가 참가하는 여성 테니스 토너먼트 경기를 개최하기도 한다.

　　* 찰스 슐츠가 소유한 레드우드엠파이어 빙상 경기장을 말한다.

그렇지만 우리가 매년 7월 가장 고대하는 행사는 스누피 시니어 월드 하키 토너먼트다. 작년 여름, 나는 체코슬로바키아에서 하키 선수를 했던 남자와 레일 옆에 섰다가 이런 말을 들었다. "이 토너먼트에 참가할 자격을 얻으려고 9년을 기다렸어요." 이 경기의 최소 참가 연령은 마흔이고, 5년 단위로 연령을 나누어 경기를 한다. 내년이면 처음으로 65세 연령대의 팀이 생긴다. 이 팀에 속한 선수들은 "예순 살 먹은 애들을 쫓아다니는 일"에 질렸다고 불평을 늘어놓곤 한다.

　　미국 각지와 캐나다, 심지어 핀란드와 일본에서도 찾아오는 선수들에 대한 감사의 마음으로, 우리는 최고의 토너먼트를 주최하려고 노력한다. 야외 바비큐 파티를 열고, 결승전이 열리기 전날 토요일 밤에는 선수들 부부를 위한 즐길거리를 준비한다. 그 프로그램에는 댄스도 포함되어 있다. 토너먼트에서 치러지는 실제 경기는 전형적인 시니어 하키 경기와 똑같다. 즉 공격 저지나 슬랩 샷을 할 수 없다. 솔직히 이렇게 하면 빠른 스케이팅과 훌륭한 패스 플레이에 중점을 두게 되므로 더 좋은 하키 경기가 가능해지지 않나 싶기도 하다. 열성적인 관중은 과거 미국 하키 리그에서 뛰었던 선수들이 고령에 접어들고도 여전히 뛰어난 재

여기 세계적인 하키 선수가 경기하러
가신다.

새로운 규칙에 따르면
경기에서 싸움을 일으킬 경우에는 즉시
팀에서 퇴출인데…….

그러면 지금 집에 돌아가는
편이 낫겠군.

능을 발휘하는 모습에 기뻐한다.

물론 기이한 일도 일어난다. 몇 년 전, 우리 팀(나는 겸손한 마음으로 이 표현을 사용하고 있다)이 유니폼을 갈아입고 있을 때, 당시 경기를 진행하고 있던 40대 팀의 골키퍼가 다리를 다쳤다는 소식이 들려왔다. 그 팀에는 교체 선수가 없었는데 마침 우리 상대 팀 골키퍼가 벌써 유니폼을 갖춰 입고 경기 준비를 완전히 끝마친 상황이었기에 그가 교체 선수로 나섰다. 그런데 경기가 그의 예상보다 훨씬 빠르게 진행됐다. 60세 이상 연령대 팀에 속해 있었던 그 골키퍼는 40대 선수들의 경기에서 동점을 만들었다. 그는 뛰어난 경기력을 보이며 3피리어드의 남은 시간과 5분의 연장 시간 동안 골문을 단단히 지켜 냈다. 새로운 팀원들은 골키퍼의 등을 두드리며 그의 훌륭한 골 수비력을 치하했다. 이어진 경기에서 우리 팀은 그를 상대로 9점을 따냈다. 스누피 시니어 월드 하키 토너먼트에서는 이런 일도 일어난다.

이 토너먼트에는 50명에서 100명의 자원봉사자가 필요한데, 경기의 열기를 보는 즐거움을 감안하면 충분히 가치가 있다. 내가 항상 하는 말이지만, 이 나이 든 선수들에게는 하키에 바친 젊은 시절에 대한 보상으로 누릴 수 있는 어떤 것이 있어야 한다. 선수 대부분은 자신이 속한 경기장에서 코치나 심판으로 일하고 있는데 이 일 또한 그들의 헌신에 대한 보상이다.

이제 열한 번째 토너먼트를 계획할 때다. 최소한 40개 팀의 참가를 예상하고 있다. 매년 우리는 지난 행사의 규모를 넘어설 수 있을지 기대하고, 그 기대는 어떻게든 실현되고 있다.

찰스 슐츠, 「스누피 시니어 월드 하키 토너먼트」, 『크리스천 사이언스 모니터』, 1984년 11월 28일 자, 42면.

점심시간 안에는 돌아올게요

어떤 결정을 내리는 데에 긴 시간이 필요한 때가 있다. 나는 『피너츠』를 35년 가까이 그리면서 낯선 이들을 내 작업실에서 숱하게 맞이했다. 방문객들은 내 방에 있는 모든 책과 유리 덮개가 있는 아름다운 책상을 본다. 내가 작업을 마친 코믹 스트립을 올려 두는 그 책상은, 결혼할 때 아내에게 선물받은 것이다. 그들은 내 그림 작업대를 보고 내가 진짜로 거기 앉아서 만화를 그린다는 사실에 놀라워한다. 나는 이따금 혹시 방문객들이 이 작업대가 그냥 전시품일 뿐이고 진짜 작업대라는 신비로운 물체가 다른 방에 숨겨져 있다고 생각하는 게 아닌가 궁금해진다.

대화는 별수 없이 나의 향후 작업에 대한 화제로 흘러간다. 내가 6주 치의 평일판 만화 마감과 12주 치의 일요판 만화 마감에 대해 말하면, 그들은 항상 이렇게 말한다. "세상에, 정말 열심히 일하시네요. 몇 달 치 작업을 끝낸 뒤에는 좀 쉬시겠지요?"

이미 말했듯이, 나는 느리게 배우는 사람이기 때문에

작년까지만 해도 이 말이 어딘가 이상하다는 것을 깨닫지 못했다. 사람이 사력을 다해 무언가를 한다고 해서 그 뒤에 그 일을 또다시 하지 않는 것은 아니다. 교향곡 몇 개를 빠르게 해치운 뒤에 쉴 수 있었던 베토벤이라거나, 수십 장의 그림을 그린 뒤에 휴가를 떠난 피카소에 대한 이야기를 해볼 수도 있겠지만, 이러한 비교는 건방져 보일 것이다.

우리는 휴가를 숭배하는 사회에 살고 있다. 나는 휴가에 대한 적절한 기술을 익히지 못한 것 같다. 물론 나는 학창 시절에 내가 얼마나 크리스마스를 고대했는지, 그리고 군대에서 휴가가 얼마나 소중한 것이었는지 기억하고 있다. 그렇지만 그때와 지금은 다르다.

내 아버지는 미네소타의 세인트폴에서 45년 동안 이발소를 운영했는데, 나는 그동안 아버지가 휴가다운 휴가를 떠나는 것을 본 적이 없다. 토요일 밤이 되면 아버지는 가게를 닫은 뒤 어머니와 나를 데리고 미네소타 북부로 주말 낚시 여행을 떠나곤 했다. 나는 낚시에 큰 취미가 없었지만, 낚시는 아버지가 사랑하는 활동이자 어머니와 함께할 수 있는 유일한 취미 생활이었다. 이렇게 짧은 휴가에 만족해야 할 때마다 아버지는 일을 쉴 처지가 아니라고 변명을 했다. 대공황 시절에는 그 말씀이 맞긴 했다. 그렇지만 내가 돌이켜 보고 내린 결론은, 아버지는 그저 여행을 두려워했을 뿐이라는 것이다.

나도 아버지가 가졌던 여행에 대한 두려움을 물려받은 모양이다. 이런 성향에도 불구하고 아내와 나는 때때로 다른 친구들과 함께 윔블던 경기를 관람하러 유럽 여행을 떠난다. 여행 중에는 런던과 프랑스에 있는 몇몇 장소를 둘러본다. 오마하 해변과 루앙 근처의 성을 방문했던 노르망디 여행은 복잡한 감정을 불러일으켰다.* 레마겐 근방이 어떻게 생겼는지 정말 궁금했던 까닭에 스위스 바젤부터 네덜란드 암스테르담까지 라인 강을 따라갔던 여행도 매우 즐거웠다.** 제2차 세계 대전이 끝으로 치닫고 있을 때 내가 속한 부대가 라인 강을 건넜는데, 당시는 해가 질 무렵이어서 주변 경관이 어떻게 생겼는지 전혀 알 수 없었다. 이처럼 휴가 중에는 멋진 볼거리들이 있었다.

여행 도중 마음이 불편해지면 나는 야외 스케치에 몰두한다. 순전히 재미로만 그림을 그린 적은 없지만, 그림을 그릴 때 느껴지는 즐거움과 편안함은 언제나 놀라운 것이다. 그렇지만 내가 여행하는 도중 펠트 펜***으로 그린 스케치 그림들은 그렇게 많지 않다.

---

* 오마하 해변은 제2차 세계 대전 중 노르망디 상륙 작전이 진행되면서 가장 치열한 전투가 벌어진 곳이다. 루앙은 노르망디 지역의 중심지다.
** 스위스의 레마겐은 제2차 세계 대전이 끝나 갈 무렵 미국군이 라인 강을 건넌 지점이다.
*** 펠트를 심으로 사용한 필기구. 잉크가 빠르게 마르고 다양한 표면에 쓰기 좋은 특성이 있다.

PEANUTS
featuring
"Good ol' Charlie Brown"
by SCHULZ

휴우

휴가가 필요하긴 한데 요즘엔 떠나기가 힘들어……. 할 일이 너무 많아…….

그래도 계속 이렇게는 살 수 없어……. 떠나야만 해……. 난 휴가를 떠날 자격이 있다고…….

저녁 먹어!

집에서 떠나 있을 때 느끼는 불편한 마음은 내가 통제 불가능한 상태에 있다는 두려움에서 온다. 아마도 이런 이유로 짧은 휴가에서 만족을 느끼는 것이리라. 이를테면 빙 크로스비 프로암*에 출전하러 가는 그런 휴가 말이다. 나는 친구들과 함께 그 대회에 자주 가는 편이다. 거기에는 초대를 받았다는 데서 오는 놀라운 기쁨도 있다.

몇 년 전에 그린 코믹 스트립에서 찰리 브라운의 여동생 샐리가 자신은 무슨 여행이든 간에 집에 정오까지 돌아올 수만 있다면 괜찮다고 말한다. 나는 샐리의 마음을 이해한다.

다른 사람들이 2주나 두 달 동안 여행을 떠날 거라고 말하면, 나는 그 긴 시간 동안 그들이 뭘 할 작정인지 이해하기조차 버거울 지경이 된다. 반드시 해야 하는 특별한 일이 없는 상태에서 어떻게 하루를 시작할 수 있을까? 나도 그렇게 하는 법을 배울 수는 있을 것 같다. 배우려고 노력하고 있기도 하다. 하지만 그런 뒤에는 언제나, 나는 평일판 만화와 일요판 만화를 그려야 한다.

골치 아픈 문제긴 하지만, 해결하려고 노력 중이다.

찰스 슐츠, 「점심시간 안에는 돌아올게요」, 『로스앤젤레스 타임스』, 1985년 3월 17일 자, 16면.

---

* 가수 빙 크로스비가 창립한 골프 경기. 현재는 '미국프로골프PGA 투어 에이티앤티AT&T 페블비치 내셔널 프로암'이라는 명칭으로 계속되고 있다.

야구는 인생 - 찰리 브라운

야구는 인생이다. 그렇다. 나는 야구를 사랑한다. 마운드에 서서 구장과 경기 전체를 보노라면 내가 경기를 장악하고 있다는 느낌이 드는데, 그게 그렇게 좋을 수가 없다. 이 얼마나 아름다운 기분인가! 만세!

그렇지만 야구에 관해서는 별로 자랑할 만한 게 없다. 우리 야구팀의 유격수 스누피는 항상 캐나다의 하키 선수 웨인 그레츠키와 겨루는 망상에 빠진 개다. 2루에는 안전 담요를 붙들고 있는 꼬마가 있다. 루시는 최악의 좌익수일 것이다. 루시가 잘하는 것은 변명뿐이다. 눈앞이 흐려졌다거나 잔디가 눈에 들어갔다고 하겠지. 루시가 다음에 무슨 변명을 할지 궁금할 지경이다. 포수는 슈로더다. 우리 팀은 너무 형편없어서 포수가 투수인 내게 사인도 주지 않는다. 슈로더는 내가 뭘 던지든 다른 팀이 신경도 쓰지 않으리라는 걸 안다.

이런 것은 아무래도 좋다. 우리 팀에 이름이 없다는 것도, 우리가 낡은 여관 베개를 베이스로 쓰고 있다는 사실조

차도 별로 신경 쓰이지 않는다.

　야구 경기를 한다는 것, 내가 투수라는 것. 중요한 건 이거다. 투수로서 그리고 매니저로서 나는 내 삶을 진두지휘하고 있다. 이것이야말로 모든 사람이 염원하는 것이 아닐까? 이 팀을 지휘하는 게 대단치 않은 일이라고 해도 나는 계속 야구 경기를 사랑할 것이다. 야구에는 다른 스포츠에서 찾아볼 수 없는 아름다움이 있으니까.

　그런 이유로, 나는 언젠가 메이저 리그 경기에 참가할 수 있으리라는 꿈을 가지고 있다. 누군가가 파울을 치면 나는 그 공을 극적으로 받아 낸다. 완전히 말도 안 되는 캐치로 말이다. 그걸 본 홈 팀의 매니저가 더그아웃에서 나와서 말한다. "저 애랑 빨리 계약해." 이 이야기를 친구들에게 한 뒤에 무슨 소릴 들었던가. 내 친구는 이렇게 말했다. "그래, 그래. 너랑도 하고 다른 애들 2천만 명하고도 계약하겠지."

　나는 영웅을 숭배한다. 그리고 야구 경기에는 영웅적인 요소가 대단히 많다. 필드에서 돌진하여 공을 잡고, 외야 벽을 뛰어올라 공을 잡아 내어 우리 팀을 구하고, 홈런을 치고, 옆 동네 페퍼민트 패티네 팀 선수를 삼진 처리한다. 이 모든 일이 내 상상 속에만 있다는 게 슬플 따름이다. 우리 팀은 정말 형편없어서 유니폼조차 없다. 패티가 전에 내게 뭐라고 했더라? 패티는 직구 3개로 삼진을 당하는 사람과는 절대 결혼하지 않겠다고 했다.

　나는 삼진왕이 되고 싶다. 체인지업을 던져 보고 싶다. 그러나 나는 내 공이 항상 똑같다는 걸 알고 있다. 언젠가 슈로더는 마운드로 와서 이렇게 말했다. "네가 방금 던진 느린 공 괜찮네." 슈로더는 남자에게 상처 입히는 방법을 잘 알고 있다. 나는 온 힘을 다해서 제일 빠른 공을 던졌는데.

　야구의 또 다른 멋진 점은 응원할 팀이 있다는 것이다. 그 팀의 모든 선수 중에서 내가 좋아하는 영웅을 고를 수 있다. 야구는 영웅을 만들어 낸다. 얼간이도 만들어 내지만. 이때까지 난 그저 얼간이였다.

　내 가장 훌륭한 재능은 마운드 옆으로 *쌩쌩* 날아가는 라인 드라이브 공을 피하는 기술인 것 같다. 나는 이 공들 때문에 신발과 양말과 모자와 바지를 모두 날려 버리는데, 그런 뒤에 옷을 입는 시간이 오래 걸려서 불평을 듣는다.

　오해하지 말길 바란다. 나는 야구 경기를 좋아한다. 하지만 야구 시즌은 고생스럽다. 다음 날 경기를 생각하면 잠도 오지 않는다. 여동생 샐리는 다른 선수들처럼 나도 무슨 징크스 같은 게 있는지 묻기도 했다. 내가 그렇다고 했더니 샐리는 말했다. "그래 봤자 무슨 상관이야? 어차피 항상 지

안타도 몇 개 치지만,
실점도 하지.

우리 지금 몇 회차 경기를
하고 있는 거야?

잖아." 여동생이란 이렇다.

안타깝지만 샐리의 말이 옳다. 겨울 내내 나는 팀의 통계를 들여다보면서, 누가 안타를 쳤고 누가 주자를 불러들였는지를 연구하며 야구 시즌을 준비한다. 내가 얼마나 통계를 빨리 내는지 보면 놀랄 거다. 우리가 한 번도 안타를 친 적이 없으니까 가능한 일이다. 통계 한쪽에 실점 기록만 길게 쌓일 뿐이다.

야구의 좋은 점은 양키 스타디움에서도, 소풍 간 공터에서도 즐길 수 있는 운동이라는 것이다. 야구에는 전 국민의 취미가 되기에 걸맞은 장점이 고루 있다. 꼭 완벽하게 조직한 팀으로 경기를 할 필요가 없다는 점도 좋다. 여러 사람이 글러브를 끼고 모이기만 하면 다저스 스타디움에서 경기를 하는 것만큼 즐겁게 경기할 수도 있다.

야구는 우리가 삶에서 경험하는 문제들을 반영한다. 공포, 외로움, 절망, 실패. 이 모든 것을 야구의 세계에서 이야기할 수 있다. 라이너스가 내게 한 말이 떠오른다. "야구는 인생의 축소판이야." 나는 라이너스를 보면서 말했다. "와, 다행이다. 난 그게 인생인 줄 알았지 뭐야."

찰리 브라운(찰스 슐츠), 「야구는 인생」, 『인사이드 스포츠』, 1985년 5월호, 82쪽.

만화의 영감

나는 『피너츠』를 그리면서 이따금 어디서 아이디어를 얻느냐는 질문을 받곤 한다. 스누피가 앉아서 웨이트리스와 대화하며 시간을 보내는 작은 프렌치 카페 같은 것 말이다. 내 아이디어가 정확히 어디서 오는지는 나도 잘 모른다. 코믹 스트립을 그리는 일은 좀 신기한 과정이다.

어쨌든 근 몇 년 동안 파리에 몇 번 다녀오긴 했다. 파리에 가장 최근에 간 것은 루브르 박물관에서 『피너츠』 코믹 스트립 원화 80장으로 개인전을 열었을 때다. 프랑스 사람들은 내게 멋진 메달을 주고 예술 훈장도 수여해 주었는데, 개 한 마리에 머리 큰 꼬마 몇 명을 그리는 사람에 대한 대접치고는 괜찮은 것 같다.

축하를 위해 나는 가족과 함께 막심 레스토랑에서 저녁을 먹었다. 그전에도 거기 한 번 간 적이 있지만, 막심에서 식사를 하는 경험에는 얼떨떨한 구석이 있다. 거기서는 내가 뭘 주문했는지도, 음식이 얼마인지도 정확히 알 수가 없고 모든 것이 호화롭다. 그럼에도 막심에서 저녁을 먹는

제1차 세계 대전의
격추왕이 그의 소프위드
캐멀을 타고 비행장으로
돌아가는 중이다…….

4-9

평소처럼 그는 작은 프렌치
카페로 가서 그의 근심과
전쟁을 포함한 모든 것을
마음에서 털어 버린다!

좋은 저녁이에요,
격추왕 씨…….

성함이 어떻게
되시죠?

뭐였더라.

경험은 살면서 한 번쯤 해 볼 만하다.

나는 오래전, 제2차 세계 대전 때에 프랑스에 간 적이 있었다. 우리 분대는 1945년 2월에 수송선에서 내려 루앙 근방의 한 성에 잠깐 주둔했다. '말부아쟁'이라는 이름의 성이었는데, 프랑스어로 '나쁜 이웃집'이라는 뜻이다. 그 성을 떠올릴 때면 그 성에 대한 꿈을 꾸곤 한다. 회색 돌로 만들어진 성 주위를 돌벽이 둘러싸고 있었는데, 우리 분대의 막사는 그 벽 안쪽의 방목지에 세워졌다.

몇 년 전 프랑스에 가서 다시 그 성을 찾았을 때 영화 『스누피의 신나는 여행』에 대한 아이디어가 떠올랐다. 찰리 브라운과 친구들이 교환 학생으로 프랑스에 가는 이야기를 다룬 영화에서 그들은 당연하게도 그 성에서 하룻밤을 보낸다.

여행 중에 얻은 이미지들이 좀처럼 잊히지 않는 것을 보면 재미있다. 내 첫 여행의 기억은 여섯 살 때의 것이다. 나는 아버지의 이발소가 있는 미네소타 세인트폴에서 자랐다(찰리 브라운의 아버지도 이발사다). 아버지가 캘리포니아 니들스로 이사하기로 결정한 후, 우리 가족은 1928년형 포드에 짐을 실어 넣고 미국 횡단 여행을 했다.

우리는 매일 밤 야숙을 했다. 나는 호텔에서 밤을 보내는 게 어떤 건지 궁금했다. 우리 가족은 야영지에 큰 텐트를 치거나 투어리스트 캐빈이라는 곳에서 하룻밤을 보내기도 했다. 투어리스트 캐빈은 내부에 아무것도 없는 방처럼 생겼다. 미국인들이 이제 막 고속도로를 타고 국내 여행을 하던 시대였다. 여행길에 나는 피크닉 테이블에 올라가 처음으로 멀리 보이는 산을 구경했다. 아마도 로키 산맥이었던 것 같은데, 나는 아직까지도 그 산맥을 그릴 수 있다.

우리 가족이 마침내 니들스에 도착한 밤은 매우 더웠다. 니들스의 밤은 대체로 매우 덥다. 우리는 니들스에서 1년을 살았다. 내가 그린 코믹 스트립에서는 스누피의 형제인 스파이크가 니들스 같은 사막 도시 인근에 산다. 그곳에서 스파이크는 주로 키가 큰 사와로 선인장 옆에 앉아 있는 모습으로 표현된다. 그렇지만 스파이크가 사는 도시의 풍경이 내 어린 시절의 기억에서 온 것은 아니다. 내가 그린 도시는 내가 창작해 낸 만화 속 사막일 뿐이다.

코믹 스트립에 쓰이는 아이디어란 주로 이런 것들이다. 나처럼 방에 홀로 앉아서 일주일에 7일은 그림을 그리는 삶을 40년간 살다 보면 떠오르는 것들. 게다가 여행 중에 떠오르는 것들은 『피너츠』에 별로 적합하지도 않다. 나는 멕시코의 푸에르토바야르타로 내 딸 그리고 다른 친구

세 쌍과 함께 떠났던 크루즈 여행을 영원히 잊지 못할 것
이다. 배가 정박한 뒤에 친구와 나는 점심을 먹으려고 그림
같은 해변 도시를 거닐었는데, 그때 엘리자베스 테일러와
리처드 버튼을 우연히 만났다. 믿을 수 없는 일이지만 그들
은 우리를 초대해 집을 구경시켜 주었다. 그 집에 걸려 있
던 그림들, 열려 있던 많은 창문을 기억한다.

그건 대단한 경험이었다. 지구상의 누군들 엘리자베스
테일러와 함께 20분을 보내고 싶지 않겠는가 말이다. 하지
만 『피너츠』에서 그런 광경을 볼 수 있을 것 같지는 않다.

찰스 슐츠, 「만화의 영감」, 『내셔널지오그래픽 트래블러』, 1991년 7 · 8월호, 25쪽.

어른이 되지 마

지난 몇 년 동안 나는 놀라운 일을 겪었다. 사람들이 내게 다가와서 "아직도 코믹 스트립을 그리고 있어요?"라고 물어보는 것이다. 그럼 나는 이렇게 말하고 싶어진다. "맙소사, 그럼 대체 누가 그걸 그리고 있다고 생각해요?" 나는 누구에게도 내 일을 뺏기지 않을 작정이다. 계약 내용에도 그렇게 명시되어 있다. 내가 죽을 때 내 만화도 끝난다. 이건 내 아이들이 바라는 바이기도 하다. 아이들은 말한다. "우리는 다른 사람이 아빠 만화를 그리는 게 싫어요."

사람들은 또 『피너츠』에 어떤 주제나 말하고자 하는 바가 있느냐고 물어보기도 한다. 굳이 찾아보자면 찰리 브라운이 항상 패배하면서도 결코 포기하지 않는 게 『피너츠』의 주제인 것 같다. 하지만 솔직히 말해서 나는 한 번도 주제가 무엇인지 생각해 본 적이 없다. 그저 어떻게 하면 좋은 아이디어를 몇 개 더 얻을 수 있을까를 궁리할 뿐이다. 나는 그날그날 그림을 그려 나간다.

보다시피 나는 그 어떤 때보다도 열심히 일하고 있다.

내가 하는 일을 더 까다롭게 평가하고 있고, 그림 실력도 아주 많이 좋아졌다. 내 실력이 예전만 못하다는 내용의 기사를 계속 보고 있고, 코믹 스트립의 질이 떨어지기 전에 지금 그만두어야 한다고 말하는 사람들이 있긴 하지만 말이다. 말도 안 되는 소리다. 내 직업은 좋은 건강 상태를 유지하고 있고 하루 일과를 수행할 수 있는 사람이라면 언제나 잘 해낼 수 있는 일이기 때문이다.

오히려 가장 큰 걱정은 내가 내 인생을 다 써먹어 버릴지도 모른다는 것이다. 어린 시절에 야구를 하고 하키를 하고 사랑에 빠졌다 차인 일, 그리고 내 삶에서 일어난 모든 경험과 생각을 전부 다 탕진해 버릴지도 모른다. 나이가 들면서 이런 경험들을 전부 써먹다 보면 마침내 계속 똑같은 것만 하는 사람이 되어 버린다.

나는 또 내가 지루해질까 봐 엄청나게 두렵다. 주변에는 지루한 사람이 아주 많은데, 불운한 일이지만 나는 늙은 사람은 쉽게 지루해진다고 본다. 지루해지는 걸 막으려면 타인에 대한 관심을 유지하고 자신에 대해서는 잊어버려야 한다. 자기 이야기만 계속 늘어놓고 남에 대한 호기심을 보이지 않는 것은 크나큰 범죄나 다름없다.

다른 사람에게 그들에 관한 질문을 던지는 것만으로도

충분히 멋진 사람이 될 수 있다. 내 아내 지니가 이런 걸 매우 잘한다. 조금 슬픈 일이지만, 다른 사람들과 저녁 모임이 있을 때면 우리 부부가 모든 질문을 도맡은 사람처럼 느껴진다. 우리는 "오, 어디서 유년기를 보내셨어요?" 또는 "부친께서는 어떤 일을 하시나요?"라고 묻는다. 그리고 밤에 집으로 돌아오면 종종 나는 이렇게 말한다. "있잖아 여보, 당신과 나만 항상 질문을 하는 것 같아. 아무도 나한테 뭔가를 물어보질 않더라고."

고등학교 학생을 대상으로 하는 소규모 강의에서 나는 이렇게 말한 적이 있다. "오늘 밤에 집에 가서 부모님에게 어디서 처음 만났느냐고 물어보세요. 아버지에게 제2차 세계 대전이 일어났을 때 뭘 했는지 물어봐요. 어머니에게 고등학교 졸업 무도회에 참석했는지 물어보고요. 할머니와 이야기를 하세요. 이야기가 사라지도록 내버려 두지 말고 끈질기게 질문하세요. 너무 늦기 전에 지금 당장 그렇게 하세요." 이것이 만화에 대한 아이디어를 불러일으키는 사고방식이다. 만화에 어울리는 간단한 상황은 누구라도 떠올릴 수 있지만, 나는 언제나 더 깊이 들어가려고 노력한다. 우리는 모두 매체의 한계에 가로막히게 되며, 코믹 스트립에는 죽음 같은 주제를 이야기할 공간이 충분하지 않다. 그러나 열심히 노력한다면 그 주제를 담아낼 수 있다.

　또 나는 세상을 향해 열린 자세를 유지하려고 노력해야 한다고 생각한다. 나는 책을 많이 읽는다. 단순히 자료를 찾거나 아이디어를 짜내기 위해서만은 아니다. 독서가 즐겁기 때문에 읽는다. 몇 년 전에 나는 대학교에서 소설 수업을 들었는데, 재미있게도 그 수업에서 A 학점을 받았다. 나는 어렸을 때 착실한 학생이 아니었다. 페퍼민트 패티처럼 말이다. 수업을 들을 땐 무슨 말인지 전혀 이해하지 못했고, 숙제는 절대 하지 않았다. 읽기 숙제조차 하지 않았다. 그런데 이번에는 모든 책을 다 읽었고, 캐서린 앤 포터의 소설『창백한 말, 창백한 기수』에 대한 보고서도 썼다. 그걸 쓰면서 나는『뉴요커』에 실리는 글을 쓰고 있다고 혼자 상상했다. 나중에 교수는 내게 말했다. "이 보고서는 완벽한 귀감이 될 만하다고 말씀드리고 싶어요."

　나는 텔레비전을 켜긴 하지만 방송에 그렇게 집중하지는 않는다. 채널을 여기저기 휙휙 돌리면서 텔레비전을 보는데, 2번 채널부터 시작해 60번까지 올라가다가『알래스카의 빛』에 이르면 재닌 터너가 나오는 동안만 그 드라마를 본다. 그녀가 더 이상 나오지 않으면 다시 채널을 돌린다(나는 작년에 재닌 터너를 만날 뻔했지만 잘 풀리지 않았다. 안타까운 일이었다). 시트콤에 관해서라면, 글쎄, 거기서 배우들이 하는 일이라곤 서로에게 우스운 대사를 던지는 것뿐이다. 거기에는 대화라는 것이 없다. 아, 그리고 아내와 나는 언제나 함께 식사를 하며 퀴즈 쇼 『제퍼디』를 본다. 아내와 나는 마지막 퀴즈를 맞혀 본다. 어느 날은 퀴즈 주제 전체가 나에 대한 것이었던 적도 있다!

좀 심각한 이야기를 하자면, 사람들이 텔레비전에서 본 것을 현실이라고 믿게 되는 건 정말 위험하다고 생각한다. 요즘 방영하는 범죄 드라마를 보고 있으면 범죄가 우리 주변을 뒤덮고 있다는 인상을 받을 수 있다. 여성 운전자가 차를 끌고 도로에 나설 때마다 심각한 위험에 처한다고 상상해 보라. 범죄는 그렇게까지 온 사방에 퍼져 있지 않다.

나는 재미있는 신문을 좋아하며, 몇몇 코믹 스트립의 굉장한 팬이다. 패트릭 맥다월의 『머트』, 팻 브래디의 『로즈는 로즈』, 린 존스턴의 『좋든 나쁘든』, 캐시 가이즈와이트의 『캐시』 같은 것 말이다. 나는 충분히 공을 들여 그리지 않는 작가의 작품이나 질이 좋지 않은 코믹 스트립에는 관심을 두지 않는다.

내가 외부와 교류할 수 있도록 도와주는 다른 한 가지는 내가 25년 전에 지은, 길 건너편의 빙상 경기장이다. 이 공간의 멋진 점은 언제나 어린아이부터 나이 든 어른까지, 세대를 아우르며 드나든다는 것이다. 나는 매일 경기장에 가서 여러 가지를 듣는다. 사실은 내가 '조 쿨'*이라는 표현을 처음 들은 곳도 이곳이다. 이 덕택에 스누피는 이따금 '조 쿨'이라고 불리게 되었다.

나는 한 번도 내 만화의 캐릭터들이 나이를 먹는 걸 상상해 본 적이 없다. 물론 몇몇 캐릭터는 세월이 지나면서 변했다. 특히 찰리 브라운은 덜 냉소적이고 더 부드러운 방향으로 성장했다. 샐리는 훨씬 중요한 존재가 되었고, 자신만의 성품을 발전시켜 왔다. 샐리는 아주 똑똑한 아이인가 싶다가도 어떨 땐 매우 멍청한 아이인 것 같은데, 가끔은 어느 쪽인지 나조차도 알기 어렵다.

아마도 늙지 않기 위한 진짜 비밀은 자라지 않는 것일 터다. 나는 완전한 어른이 아니다. 정말이다. 나는 여전히 내가 지금 있는 곳에 속하지 않은 것 같은 위화감을 느낀다. 몇 번은 여행 중에 문제가 생겨서 광장 공포증을 겪을 뻔하기도 했다. 나는 언제나 불안해하는 사람이며, 앞으로도 계속 걱정이 많은 사람일 것 같다. 최근의 한 인터뷰에서 누군가 이렇게 물은 적이 있다. "무엇이 그렇게 걱정스럽나요?" 나는 말했다. "그게 뭔지 안다면 더 이상 걱정을

---

* Joe Cool. 극심한 압박 속에서도 냉정을 유지하는 남자를 뜻한다. 『피너츠』에서 스누피의 별명으로 쓰였다.

하지도 않겠죠."

나에게는 다른 직종에 종사하는 멋진 친구들이 있다. 몇 주 전에는 그런 친구들 너덧 명과 함께 시간을 보냈다. 한 친구가 생일을 맞이해서 모두 같이 점심을 먹으러 나갔는데, 갑자기 그 친구들 사이에서 내가 약간 위화감을 느낀다는 사실을 깨달았다. 보다시피 나는 비즈니스맨이 아니다. 재무와 은행 업무, 변호사의 일 같은 것에 전혀 아는 바가 없다. 내가 아는 것은 만화와 골프, 하키, 책과 다른 읽을거리, 그리고 그와 비슷한 몇 가지 일뿐이다. 그렇기 때문에 나는 관심사를 나눌 수 있는 사람을 만나면 매우 즐겁다.

나는 가톨릭 신자가 아니며, 앞으로도 그렇게 될 일은 없을 것이다. 하지만 지금 나와 가장 친한 친구는 가톨릭 수사이다. 우리는 매주 목요일이면 함께 골프를 친다. 그와 있으면 매우 즐겁다. 그 친구는 굉장히 넓은 도량의 소유자이며, 신학적 사고나 영성의 탐색 등에 대한 나의 열정을 이해한다. 그 친구와 같이 있으면 그런 화제에 대해 이야기할 수 있다.

나는 종교적인 사람인가? 다른 이들의 판단에 맡기겠다. 나는 하느님의 나라에 대한 독실한 믿음을 갖고 있지만 내세에 대해서는 전혀 모르겠다. 이 개념은 좀 당황스럽다.

또 온다. 봐! 꽤 좋은 삶이었어. 또! 아, 행복한 1초였어.

6-4

다시! 와, 이번엔 정말 괜찮았어……. 또 다른 삶이 오네.

참을 수가 없군.

삶은 정말이지 수수께끼 같다. 나는 우리가 왜 여기 있는지, 어디서 와서 어디로 가는지에 대해 전혀 아는 바가 없다. 아마 아무도 알지 못할 것이다.

그러나 내가 버틸 수 있도록 개인적으로 도움을 주는 것이 있다. 몇 년 전 미니애폴리스에 살고 있을 때 나는 미니애폴리스 교향악단의 제1 비올라 연주자를 만났는데, 그와 대화하던 중 이런 말을 들었다. "있잖아요, 비올라를 연주하는 것이 저에겐 거의 종교나 마찬가지랍니다." 나는 말도 안 되는 소리라고 생각했다. 그게 대체 무슨 소리야?

그렇지만 세월이 지나고 난 지금은 코믹 스트립을 그리는 일이 나에게 종교와 매우 비슷하다고 말할 수 있을 것 같다. 이 일은 내가 매일을 살아 내도록 한다. 나는 언제든지 이 일에 기댈 수 있다. 모든 것이 절망적인 상황일지라도 작업실에 와서 이렇게 생각할 수 있다. '나는 내 집에 있는 내 공간에 있어. 여기가 내 방이야. 여기서 그림을 그리는 게 내 일이고.'

찰스 슐츠, 「어른이 되지 마」, 『뉴 초이시스』, 1995년 6월호, 56〜59쪽.

골프와 나

여덟 살 때부터 골프는 내 인생에서 상당한 부분을 차지했다. 그 이래로 나는 토요일 낮 시간에 바비 존스의 영화를 보았고, 세인트폴에 있는 하이랜드 파크에서 캐디 일을 했고, 마침내 아직까지도 '크로즈비'라고 부르는 경기*에 출전하게 되었다. 아직도 지난주를 떠올리면 마음이 아프다. 37년 만에 처음으로 크로즈비 경기에 초대받지 못했던 것이다.

나 같은 골수 아마추어 골퍼에게, 세계 최고 선수와 함께 몬터레이 반도에서 공을 티 위에 올리는 일은 언제나 엄청난 흥분을 선사한다. 처음 크로즈비에 출전했던 1963년에 나는 가장 기억에 남을 경기를 펼쳤다. 피터 마리치와 조를 짠 나는 몬터레이 반도 컨트리클럽의 전반 9홀에서 34타를 쳤다. 나인 홀 경기에서는 내 최고 기록이었다. 나는 최고의 성적으로 피터와 함께 9홀을 끝마쳤다.

크로즈비 경기에는 멋진 기억들이 많이 어려 있다. 나는 페블비치의 잔혹한 여덟 번째 파 4홀에서 1981년에 버디

---

* 빙 크로즈비 프로암을 지칭하는 듯하다.

를 성공시켰다. 그리고 1993년에 파피힐스 골프장의 12번째 파 5홀에서 5번 우드로 친 두 번째 샷은 홀 앞 4.5미터 정도까지 갔다(이글 퍼팅에는 실패했지만, 거기에 대해서는 이야기하지 않기로 하자).

관상 동맥 우회술조차 나의 크로즈비 토너먼트를 향한 크나큰 사랑과 참가하고자 하는 욕심을 막을 수 없었다. 나는 1980년 9월에 심장 수술을 받고 5개월 후에 페블비치에 출석 도장을 찍었는데, 그때 배우 캐시 크로즈비가 조니 밀러 그리고 나와 함께 조를 짰다. 유명 연예인과 팀이 된 건 처음이었다. "혈관 우회술을 받은 후에 골프를 치는 사람이라면 좋은 파트너로서 자질이 충분하죠." 캐시가 말했다.

올해는 스누피가 메트라이프 회사의 비행선을 타고 페블비치에서 나를 찾았다고 들었다. 초대받지 못해서 안타깝다. 요즘 실력이 꽤 좋아져서 우승도 노릴 수 있었는데 말이다.

찰스 슐츠, 「골프와 나」, 「스포츠 일러스트레이티드」, 1999년 2월 15일 자, 골프 특집 면.

아침 일과

아침에는 보통 빙상 경기장에 가서 잉글리시 머핀과 포도 젤리, 스몰 사이즈 커피를 마신다. 나는 그 시간에 조간신문 읽는 것을 좋아한다. 차에서 내리자마자 개 두 마리가 나를 알아보고 반긴다. 길모퉁이의 렌트하우스에 사는 개들인데, 가까이 다가가면 어김없이 울타리를 기어오른다. 한 마리는 커다란 검은 래브라도 레트리버이고, 다른 한 마리는 비글은 아닌 것 같지만 아주 조그맣고 활기차다. 그 개들은 언제나 바로 나를 알아본다. 개들이 알아보는 게 내 차인지 아니면 나인지는 모르겠지만.

내가 찾아가는 수의사의 말에 따르면 개는 사람의 걸음걸이를 관찰한다. 그러니 나에게는 멀리서도 개들이 알아볼 수 있는 어떤 특징이 있는 모양이다. 개들은 내가 과자를 하나씩 줄 거라는 걸 알고 있다. 내가 울타리로 다가가면 래브라도 레트리버는 과자를 얻어먹을 생각에 매우 기뻐하며 아주 높이 껑충껑충 뛴다. 작은 개는 이따금 짖기도 하는데, 대체로 울타리로 다가와서 맹렬하게 꼬리를 흔

들어 댄다.

나는 항상 그 개들에게 이렇게 말을 건다. "안녕, 애들아. 오늘은 기분이 어때? 내가 과자를 가져왔단다." 내가 울타리에 가까이 가면 작은 개는 아래로 조금 움직여서 큰 개와의 사이를 벌린다. 나는 아래쪽으로 몸을 굽히며 말한다. "이건 작은 녀석 거야." 그러면 큰 개가 나를 바라보고 나는 큰 녀석에게 과자를 준다. 이때 가장 즐거운 일이 일어난다. 개가 과자를 입에 넣고 나를 올려다보면서 나와 시선을 맞추는 것이다. 그런 눈맞춤에는 나에게 큰 기쁨을 선사하는 무언가가 있다.

그런 뒤 나는 잉글리시 머핀과 커피를 마실 수 있는 경기장 쪽으로 길을 건넌다. 나는 이런 아침 일과를 모두에게 강력히 추천한다. 개를 한 마리 키워도 좋고 이웃에 사는 개와 친해져도 좋다. 개와 친구가 되는 기쁨을 느낄 수 있을 것이다.

찰스 슐츠, 날짜 미상의 미출간 원고.

아이들이 독서에 관해 자주 묻는 질문

1. 어렸을 때 가장 좋아했던 책은 무엇인가요?

좋아하는 책을 하나만 꼽기는 어렵네요. 어렸을 때는 많은 책을 읽고 또 좋아했으니까요. 그래도 소년 시절에 읽은 책을 몇 권 떠올려 보자면, 메리 M. 도지가 쓴 『한스 브링커, 은빛 스케이트』가 생각납니다. 저는 항상 아이스 스케이트에 푹 빠져 있었고, 수로를 따라 스케이트를 타는 네덜란드 아이들은 얼마나 재미있을까 하는 상상을 했거든요.

2. 일을 하거나 취미를 즐기는 데에 책이 어떤 역할을 하나요?

저는 항상 무언가를 찾아보고 정보를 두 번씩 확인해요. 뭘 모르거나 확신이 없으면 그걸 찾아보거나 조사를 하죠. 독서를 해서 얻은 지식은 코믹 스트립을 창작하는 데에 도움이 됩니다.

3. 어른이 된 이후 가장 좋아하는 책은 무엇인가요?

근 몇 년 동안 훌륭한 책을 많이 읽고 즐겼습니다. 그중 마음에 든 책은 『뉴욕 이브닝 그래픽』을 창간한 에밀 고브로의 회고록 『수없이 많은 내 마지막 독자』입니다. 초기의 신문 전쟁과 더불어 신문 칼럼니스트, 만화가 등 다양한 직업의 탄생과 관련된 이야기를 담고 있어서 좋아요. 작가를 만나 보지 못했다는 점이 항상 아쉽네요.

4. 가장 좋아하는 작가는 누구인가요?

F. 스콧 피츠제럴드입니다. 아마 단편 몇 편만 빼고는 모든 작품을 읽었을 거예요. 『위대한 개츠비』는 제가 가장 좋아하는 책이에요. 그 책을 네 번 읽은 뒤에야 이야기를 이해할 수 있었지만요.

5. 저희의 독서 수업에 대해 조언해 주세요.

읽고, 읽고, 또 읽으세요! 많이 읽을수록 독서는 더 쉬워집니다. 책을 많이 읽으면 많은 지식을 얻을 수 있고, 마침내 읽는 게 즐거워지지요. 책을 통해 수많은 장소에 가 볼 수 있고, 수많은 경험을 하고 수많은 사람을 만나 볼 수도 있어요. 모든 게 가능하답니다.

찰스 슐츠, 「아이들이 독서에 관해 자주 묻는 질문」, 출판일 미상의 원고.

나의 일

코믹 스트립 창작하기

    초심자에게는 첫 코믹 스트립을 완성하는 것이 가장 어렵다. 만화 일을 하고 싶어 하는 사람들 대부분은 이상하게도, 만화와 비교되는 다른 업계 종사자가 해내는 엄청난 양의 일을 하지 않으려고 든다. 코믹 스트립 작가가 되고 싶어 하는 사람들은 대부분 그저 이삼 주 분량의 코믹 스트립을 그려서 곧장 시장에 내놓으려고만 하지, 몇 년 동안의 견습 생활을 하려고 하지 않는다. 이 말은 흔히 말하는 만화 업계의 '소규모 시장'에 그들이 기여하려 들지 않는다는 의미가 아니다. 그러한 소규모 시장에 접근하는 것도 무수히 많은 만화를 그린 뒤에나 가능한 일인데, 사람들은 그 정도도 하지 않으려고 한다는 말이다.

    다른 예술 분야에 종사하는 사람들은 자신의 즐거움을 위해서, 그리고 그 작업으로 쌓을 수 있는 경험을 얻기 위해서 습작을 하지만, 만화가 중에는 경험을 쌓기 위해 코믹 스트립을 꾸준히 그리는 사람이 아주 적다. 만화가에게는 글자 도안과 사물의 형태를 그리는 방법과 표현력을 완벽한 경지로 만드는 것만이 중요하며, 그게 되면 준비가 다 되었다고 여기는 경향이 있는 듯하다. 그러나 그 판단은 결코 옳지 않다.

만화에는 사고를 갈고닦음으로써 연마되는 영역이 있다. 초심자는 직업 만화가의 길로 뛰어들기 전, 5년에서 10년 정도를 관찰력과 유머 감각을 개발하는 데 투자해야 한다는 사실을 명심해야 한다.

여기서 나는 익살 중심의 코믹 스트립이라는 특정한 장르에 대해 이야기하고 있지만, 모험 이야기를 다루는 코믹 스트립도 마찬가지다. 모험물을 쓰려면 이야기꾼으로서도 숙련되어야 하는데, 이 자질은 하루아침에 얻어지는 것이 아니다. 그러면 만화 그리기를 어떻게 시작하면 좋을까?

가장 주의해야 할 점은 너무 앞서 생각하지 말아야 한다는 것이다. 코믹 스트립 만화가의 대부분은 창작하기에 적합하다 싶은 아이디어를 가지고 있다. 하지만 그런 아이디어를 막상 매일 연재할 에피소드로 쪼개려고 하면 매우 어렵다. 이 지점에서 시작해야 한다. 그리려는 만화의 전체 주제에 너무 집착하지 말고 일일 에피소드를 생각해 보라. 그렇게 일일 에피소드에 집중하면서 각 에피소드에 쓸 만한 가장 익살스러운 아이디어를 떠올리다 보면 캐릭터의 개성을 구축해 나갈 수 있고, 이러한 캐릭터의 개성으로부터 새로운 아이디어가 나온다는 걸 알게 될 것이다.

아이디어를 통해 개성이 생겨나고, 개성에서 더 많은 아이디어가 나온다. 그러면 만화의 전체 주제가 형태를 갖추기 시작한다. 이거야말로 탄탄하고 괜찮은 코믹 스트립을 만드는 유일하고도 실제적인 방법이다.

이렇게 하지 않고 반대의 방식으로 작업을 시작하면 결국 빈약한 아이디어밖에 건지지 못한다. 전체 주제에 대해 너무 깊게 고민하다 보면 일일 에피소드에 쓰일 아이디어는 희미해진다.

내가 추천하는 방식을 따르면 사고가 이끄는 방향으로 자유롭게 나아갈 수 있다. 코믹 스트립을 연마하고 그리는 초기 단계에서는 특정한 아이디어에 얽매여서는 안 되며, 캐릭터와 아이디어를 끊임없이 탐색해야 한다. 그러다 보면 마침내 최고의 경지에 이를 수 있을 것이다.

오늘 그리기 시작한 캐릭터가 한 달이나 1년 후에 그리게 될 캐릭터와 다를 수도 있다. 처음에는 생각지도 못했던 새로운 개성이 생겨나고, 이 개성을 통해 작가는 전혀 다른 장소에 도달할 것이다. 캐릭터의 문제라면, 어떻게 캐릭터를 발전시킬까 너무 걱정하는 것은 바람직하지 않다.

캐릭터가 아이디어와 함께 자라나도록 내버려 두라.

　무엇보다도, 만화 그리기에 대해 오랫동안 생각만 한 뒤에 어느 날 갑자기 자리에 앉아 코믹 스트립을 열두 편이나 스물네 편쯤 내리 그려서 신문사나 잡지사에 보내면 돈이 쏟아져 들어올 거라는 기대는 버려야 한다. 지금까지 내가 말한 것의 일부는 이 글과 함께 소개한 네 편의 코믹 스트립으로 설명 가능하다. 이 코믹 스트립 각각에 담긴 아이디어는 등장 인물의 개성에서 발전시킨 것이다. 이 글의 시작 부분에 소개된 코믹 스트립에서는 스누피라는 개가 아이의 말을 모두 이해한다는 것을 확실히 알 수 있다. 또 스누피는 지성이 매우 높고 아이들이 자신에 대해 하는 말에 종종 분통을 터뜨리기도 한다. 스누피는 확고한 정신세계를 가지고 있고 그걸 생각과 행동으로 표현한다.

　찰리 브라운의 성격은 여러 방향에서 살펴볼 수 있다. 찰리 브라운은 자신에 대한 다른 이의 감정 때문에 꽤 우울해한다. 그와 동시에 다소 거만하기도 하다. 스누피와 찰리 브라운이 함께 등장하는 코믹 스트립에서는 찰리 브라운의 거만한 면이 드러난다. 그렇지만 찰리 브라운은 대체로 다른 인물, 특히 루시의 말에 완전히 무너지곤 한다. 루시는 세상의 모든 냉정하고 자립적인 사람들, 누구에게도 친절할 필요가 없다고 믿는 사람들을 대표하는 존재다.

슈로더는 상당히 순수한 축에 드는 친구다. 베토벤에게 홀딱 빠져 있는 슈로더는 이따금 친구들의 감정 표현을 듣는 역할을 맡는데, 여기 소개한 코믹 스트립에서도 그는 찰리 브라운의 말을 들어 주고 있다.

루시의 남동생인 라이너스를 그리는 일은 언제나 즐겁다. 나는 라이너스가 시시때때로 생각해 내는 천진난만한 요소를 만화에 넣는 걸 좋아한다. 『피너츠』를 시작할 때는 등장인물들이 여기 소개한 네 편의 만화처럼 말하고 행동하지 않았다. 이런 성격이 만들어지는 데에는 몇 개월(몇 년이 필요한 경우도 있다)에 이르는 시간이 필요했다. 코믹 스트립을 발전시키기 위해서는 인내심을 지니고 너무 앞서 나가지 말아야 한다고 했던 것은 바로 이런 의미다. 지금 작업대에 놓인 코믹 스트립 하나에 모든 정성을 다하라.

학생들은 코믹 스트립을 게재하는 다양한 방식 같은 실질적인 문제에 관심을 가지는 편이므로, 이 부분에 대해서도 언급해야 할 것 같다. 『피너츠』는 항상 같은 크기의 칸 네 개로 이루어져 있어서 신문 편집자는 이 작품을 각기 다른 세 가지 형태로 편집할 수 있다. 수평으로 늘어놓을 수도 있고, 수직으로 만들 수도 있다. 또 첫 두 칸 아래에 나

친구가 있으면
좋겠어.

누군가가 다가와서 이렇게
말해 주면 좋겠어.
"찰리 브라운, 나는 네 친구야."

무슨 일이 있었게?
전축 플러그를 꽂다가
전기 충격을 받았어!

와, 나 한 1미터는 펄쩍 뛰었을걸.

머지 두 칸을 위치시켜서 정사각형 형태로 만들 수도 있다. 원화 한 칸의 크기는 높이 14센티미터, 너비 16.5센티미터이다. 지면에 실리는 것에 비해 원화 크기가 꽤 큰 편이지만, 각 장면을 제대로 표현하고 글자를 보기 좋게 넣으려면 이 정도의 공간이 필요하다. 『피너츠』는 인쇄할 때 축소를 많이 하기 때문에, 축소한 뒤에도 펜 선이 충분히 굵게 나오게 하려면 크게 그려야 한다.

나는 펜으로만 그림을 그리고 어두운 부분을 칠할 때만 붓을 쓴다. 여기 소개한 코믹 스트립에서는 개의 귀, 벽돌담, 루시의 머리 같은 부분을 붓으로 칠했다.

코믹 스트립에서 디자인은 매우 중요한 요소다. 캐릭터뿐 아니라 작품의 다른 요소들을 적절하게 그릴 때도 디자인이 필요하다. 앞서 제시한 코믹 스트립에서는 벽돌담을 그릴 때 디자인에 신경을 써서, 담 자체가 재미있게 보이도록 담을 이루는 벽돌의 크기와 색깔을 다르게 그렸다. 찰리 브라운과 슈로더가 대화하는 코믹 스트립에는 커튼에 작은 디자인 요소를 넣었다. 그 외에도 현대화풍의 그림 액자를 벽에 그려 넣기도 했다.

옆 페이지의 코믹 스트립을 보면 칸 안쪽에 집과 주차장 건물의 모퉁이가 튀어나와 만화 칸을 보기 좋게 분할하

고 있다. 자그마한 자작나무와 아주 조그만 소나무도 보이
는데, 이렇게 흥미로운 형태를 갖춘 나무는 그리기 좋은 소
재다. 만화가는 최고의 수준에 이르기 위해 이런 사소한 부
분까지도 꾸준히 탐색해야 한다.

찰스 슐츠, 「코믹 스트립 창작하기」, 1959년에 아트 인스트럭션 스쿨 강의를 위해
쓴 글.

『피너츠』는 어떻게 탄생했는가?

내가 어렸을 때 즐길 수 있는 대중 매체는 세 가지였다. 토요일 낮 시간 영화관에서 하는 연속 상영 영화, 늦은 오후의 라디오, 코믹 스트립. 아버지는 언제나 미네소타의 세인트폴과 미니애폴리스에서 발행되는 네 종류의 일요판 신문을 전부 사서 나와 함께 코믹 스트립을 읽었다. 내가 자라는 동안 정말로 하고 싶었던 일은 한 가지밖에 없었다. 언젠가 직접 코믹 스트립을 그리는 것.

나는 자연히 월트 디즈니의 팬이 되어 미키마우스, 도널드 덕, 아기 돼지 삼 형제를 비롯하여 위대한 디즈니 캐릭터 모두를 원작과 꽤 비슷하게 그릴 수 있게 되었다.『뽀빠이』에도 깊은 감명을 받은 나는 멋진 뽀빠이 그림으로 교과서 표지를 장식하곤 했다. 나에게 만화가가 되느냐 마느냐는 문제가 되지 않았다. 단지 언제 되느냐의 문제만 남아 있을 뿐이었다. 만약 내가『피너츠』를 그때 발표하지 못했더라도 나는 결국은 뭔가를 그려 세상에 내놓았을 것이고, 설령 지금 이 나이가 될 때까지 아무것도 하지 못했더라도 분명 계속 그림을 그리고 있었을 것이다. 나는 그림을 그리는 사람이니까.

고등학교에서 마지막 한 해를 보내면서 나는 미니애폴리스에 있는 아트 인스트럭션 스쿨에서 통신 수업을 듣기 시작했다. 2년짜리 과정을 전부 수료한 뒤에는 모든 젊은이가 그랬던 것처럼 여기저기 만화를 그려 보냈지만 아무런 성과가 없었다. 제2차 세계 대전에 참전했다가 돌아온 후에야 처음으로 어린이용 만화 몇 편을 세인트폴 지역 신문에 팔 수 있었다. 마침내 『새터데이 이브닝 포스트』에 진출하는 데에도 성공하여 열다섯 편 정도의 개그 만화를 팔기도 했다. 그리고 1949년의 어느 날, 나는 유나이티드 피처 신디케이트에 『피너츠』를 팔았다.

이렇게 모든 일이 일어났다. 지금에 와서 돌이켜 보니 모든 것이 제법 간단해 보이지만, 기억이란 것에는 고생을 희미하게 만드는 특성이 있는 탓이리라.

나는 한 치의 의심도 없이 코믹 스트립을 그리는 것이 세계 최고의 직업이라고 믿는다. 독자들은 멋진 팬레터를 보내 주고, 신디케이트에서는 먹고사는 데 필요한 돈을 보내 준다. 그리고 나는 어렸을 때부터 그리고 싶었던 것을 전부 그릴 수 있다. 내 모든 감정을 발산할 통로도 생겼다.

이 점은 실용적인 측면에서 매우 중요한데, 만화가 내면의 모든 감정, 그가 얻은 모든 경험과 약간의 지식이 코믹 스트립 창작에 일조하기 때문이다.

만화가는 개성에 걸맞은 재능을 제대로 습득하고 있어야 한다. 사실, 아주 뛰어난 그림 실력이나 엄청나게 많은 지식을 갖고 있는 것은 별 의미가 없다. 나는 코믹 스트립이 길거리의 매체라는 말을 자주 한다. 즉 코믹 스트립은 그저 평범한 사람을 위한 매체다. 그러나 적절하게 다룰 경우, 코믹 스트립은 이런 전통적인 한계를 뛰어넘어 교육을 잘 받은 사람들에게 다가갈 수 있고 더 많은 문화 특성을 보유하게 될 수 있다. 이를 위해 만화가가 엄청나게 훌륭한 교육을 받거나 높은 교양을 쌓을 필요는 없다. 다만 가장 드문 자질 한 가지는 반드시 가지고 있어야 한다. 평범한 상식이라고 불리는 것 말이다.

만화 일에 뛰어들고자 하는 사람들에게, 만화가가 되는 '확실한' 방법 같은 건 없다는 말을 꼭 해 주고 싶다. 만화가가 되기 위해 반드시 밟아야만 하는 뚜렷한 단계는 없다. 물론 특정한 곳에 '연줄'을 가지고 있을 필요도 없다. 중요한 것은 오직 지금 연재되는 코믹 스트립보다 더 좋은 작품을 그릴 수 있는 능력을 갖추는 것뿐이다. 뉴욕이나 다른 지

나의 일

141

역에 있는 신디케이트에 코믹 스트립을 직접 가져가 볼까 고민할 필요도 없다. 각 회사에서는 분명 우편으로 제출된 작품도 세심하게 검토할 것이다. 우편으로 보낼 경우, 편집국장이 느긋하게 작품을 검토할 수 있다는 이점도 있다.

모두에게 가장 유용할 충고 하나. 만화가는 아무 일도 없는 상태에 있어서는 안 되고 언제나 적어도 한 가지 일은 진행하고 있어야 한다. 즉 항상 어딘가에 보낼 작품을 만들고 있어야 한다. 초고 여러 편을 완성해서 잡지사에 보냈다면, 그 만화는 잊고 신문에 보낼 특집 작업을 시작해야 한다. 코믹 스트립의 경우에는 2주 내지는 3주 치 분량의 작업을 끝마친 후에 즉시 그걸 신디케이트에 보내고, 이 역시 잊어야 한다. 바로 단컷 만화 작업에 착수하라. 그걸 보낸 후에는 다른 만화를 그리기 시작하라. 그렇게 항상 어딘가에 보낼 작품을 그리고 있어야 한다. 그리고 자신이 다니는 교회의 출판물이나 동네의 작은 신문과 같은 소규모 시장을 외면해선 안 된다. 이런 작은 출판물에는 내 최고작을 싣지는 않겠다고 생각하는 것이야말로 최악의 실수다. 우선 자신의 작품을 싣기에 충분한 매체를 업신여겨서는 안 된다. 또 지금은 매우 훌륭해 보여서 더 나은 출판 기회를 위해 아껴 놓아야 할 것만 같은 아이디어들도 몇 년 후면 그렇게 훌륭해 보이지 않을 것이다. 놀랍게도 아이디어는 나이가 들수록 더 훌륭해진다. 시간을 들일수록 나아지는 것은 그림 실력만이 아니다. 만화가가 성장할수록, 아이디어를 창조하는 능력도 향상된다.

찰스 슐츠, 「『피너츠』는 어떻게 탄생했는가?」, 『리버티』, 1973년 겨울호, 14~16쪽.

창조성

내 창조력은 주변 환경에 매우 큰 영향을 받는다. 나는 경험을 통해서 한자리에서 일하고 규칙적인 생활을 하는 것이 가장 좋다는 것을 알게 되었다. 주변 환경이 꼭 아름다워야 하는 것은 아니다. 사실, 나는 화려한 작업실보다 작고 소박한 공간에 있을 때 더 편안해진다.

지금 내가 쓰는 작업실은 캘리포니아의 샌타로자 경계에 가까운 곳으로, 아담한 크기의 아주 멋진 건물에 있다. 이 작업실은 내게 필요한 요소를 대체로 충족시키고 있다. 나는 매주 많은 손님을 맞이해야 하고, 상당히 큰 보관용 공간과 엄청난 양의 사무 기자재 또한 필요하다. 처음 만화를 그리기 시작했을 때만 해도 타자기나 복사기, 우편물 소인기, 온갖 종류의 사무용품, 지관통, 편지 봉투, 포장지 같은 것이 필요해질 줄은 전혀 몰랐다.

내 작업실에서 일하는 사람은 나를 포함해 총 다섯 명이다. 비서 두 명, 회계사 한 명, '크리에이티브 어소시에이트'라고 불리는 우리 회사의 사장이 있다. 에벌린 델가도와

작가님께. 축하합니다! 작가님의 소설을 출판하기로 결정했습니다.

첫 쇄는 한 부를 찍을 겁니다.

10-27

그게 팔리면, 한 부를 더 찍을 거고요.

팻 라이틀은 비서이고, 론 넬슨은 재정 관리를 도맡아 하는 우리 회사의 회계사이다. 사장인 워런 록하트는 다양한 저작권 업체와 함께 일하면서 품질을 관리한다. 이들의 도움이 없다면 나는 일을 하면서 많은 어려움을 겪을 것이다.

나는 코믹 스트립과 같은 만화 작업에는 한 번도 어시스턴트를 써 본 적이 없다. 그들이 할 일이 많지 않다고 여기는 탓도 있다. 내 그림은 화풍이 단순해 그리기 쉬운 편이고, 다른 사람의 아이디어를 쓰기에는 내 자존심이 너무 세다.

작업실의 하루는 아침 9시에 시작되지만, 우편물을 보고 그날 처리해야 하는 특별한 업무가 없다는 걸 확인하기 전까지는 작업에 착수하기가 매우 힘들다. 그래서 9시 반이나 10시 무렵이 되기 전까지는 그림을 잘 그리지 않는다. 세월이 지남에 따라 발견한 또 한 가지 사실은 내가 매우 느리게 작업하는 사람이 되어 가고 있다는 것이다. 작업실로 출근하는 아침에 아이디어를 하나라도 갖고 있으면 다행이지만, 아무 아이디어도 없는 경우에는 하얀 종이를 묶은 작은 수첩을 가지고 나가서 뭔가를 찾아봐야 한다. 가끔은 아주 금방 아이디어가 떠오르지만, 아무 생각도 나지 않는 불운한 날도 있다. 오늘은 공친다는 걸 미리 알 수만 있다면 그 자리를 떠나 다른 일이라도 할 수 있을 텐데 말이다. 하지만 포기하는 걸 싫어하는 나는 그 자리에 앉아서 나 자신과 짤막한 대화를 나누어 보거나, 옛일을 떠올려 보거나, 스누피와 다른 캐릭터들을 여러 자세로 그려 보면서 뭔가 새로운 것이 나타나길 기다린다. 모든 사람에게 찡한 감동을 줄 수 있는 철학적이고 의미 있는 내용을 그리고 싶은 날인데도 절대 그 바람을 실현할 수 없다는 사실을 깨닫는 날도 있다. 그럴 때 나의 해결책은 그냥 초심으로 돌아가 보는 것이다. 만화란 결국 재미있는 그림을 그리는 일이라는 것을 만화가는 기억해야 한다. 만화가가 자신의 매체에 충실히 머무르면서 도를 넘지 않도록 조심하고, 자신의 일이 재미있는 그림을 그리는 일이라는 점을 잊지 않는다면 그 만화가는 최악의 날을 최소한으로 줄일 수 있을 것이다.

참고 서적으로 둘러싸인 조용한 공간에 있는 것도 좋지만, 매일 같은 장소에 있는 것이 더 중요하다. 처음『피너츠』를 그리기 시작했을 때 나는 아버지와 함께 아파트 2층을 쓰고 있었다. 복도 맞은편에는 치과가 있었고 아래층에는 잡화점과 주류 판매점이 있었다. 아버지의 이발소는 아래층으로 내려가 모퉁이만 돌면 바로 나오는 건물 1층이었기 때문에 매일 출근하기에 매우 편했다. 그 아파트의 침실 하나가 내 작업실이었고, 나는 그 공간을 자랑스럽게 여겼다. 처음 결혼했을 때, 아내와 나는 콜로라도스프링스로 이사할 준비가 끝나기 전까지 잠시 아버지와 새어머니를 모시고 살았다. 그동안은 거의 새어머니네 집 지하실에 있는 카드놀이용 탁자에서 코믹 스트립을 그렸다. 우리 부부가 1951년에 콜로라도스프링스로 이사한 후에는 다시 집에 있는 침실 하나를 작업용으로 쓰려고 했지만, 그러면서 규칙적인 일과를 유지하려니 힘이 들었다. 아무 생각도 떠오르지 않을 때면 집 안에 있는 것들 때문에 쉽게 주의가 흩어졌다. 그래서 나는 한 1년간 시내에 있는 사무용 건물의 방 한 칸을 빌려서 일했다. 미니애폴리스로 돌아온 후에는 작고 멋진 방이 생겼다. 우리는 그 공간을 나의 펜트하우스라고 즐겨 불렀다. 그 방은 내 옛 일터였던 아트 인스트럭션 스쿨에 있었다. 즐거운 시절이었다. 옛 친구들과 다시 만날 수 있었고 활기찬 주변 환경이 나를 둘러싸고 있었다. 하지만 결국 다시 이사를 해야 했다. 이번에는 캘리포니아였고, 거기서도 혼자 일할 수 있는 공간을 갖게 되었다. 우리가 살았던 집 위층에는 사진 작가가 썼던 작업실이 있었는데, 만화가라면 누구나 좋아할 만한 공간이었다. 캘리포니아에서 몇 년을 보내는 동안 친구들과 가족들에게 변화가 생기면서 내 작업실의 위치도 바뀌었다. 1년가량은 우리 빙상 경기장의 건너편에 위치한 작은 방에서 일했다. 하지만 이 공간에서 일하는 것이 너무나 힘들 때가 있었다. 방해 요소가 지나치게 많았던 탓이었다. 우리만 쓸 수 있는 건물이 한 채 필요했고, 그렇게 지금 쓰는 건물을 짓게 되었다.

나는 그림을 그릴 때 그다지 인내심이 강한 사람이 아니다. 내가 만화가가 된 데에는 이런 성격이 한몫하였으리라고 생각한다. 삽화가나 화가는 캔버스에 그림을 완성하는 데 엄청난 시간을 쓰지만 만화가는 도화지 한 장을 채울 만큼만 일할 뿐이다. 나는 스케치를 거의 하지 않고, 표면이 매끄러운 펜화지에 바로 원화를 그린다. 연필 스케치를 적게 하고 펜으로 직접 그릴수록 그림 실력이 는다. 나는 '잉크로 덧그리기'inking in라는 말을 신뢰하지 않는다. 이 용어는 이미 그려져 있는 연필 선을 그대로 따라 그리는 것을 의미하는데, 이렇게 하면 처음 그린 스케치보다 좋은 그림이 절대 나올 수 없다. 나는 일단 아이디어가 떠오르면 페이지 전체를 마음속으로 그려 본다. 그려야 할 칸이 열 개나 열두 개 정도로 많은 때가 가끔 있는데 이 경우에는 핵심 대사가 있는 마지막 칸부터 거꾸로 칸을 늘어놓으면서 가장 적절한 간격을 잡아야 한다. 아이디어에 따라서는 마지막 칸을 가장 먼저 그려서 마지막 장면에 대한 확신을 가지고 시작해야 할 때도 있다. 아이디어를 끌어낸 후에 그 아이디어를 그림으로 옮기는 것이 실제로는 별로 좋지 않다거나 처음 상상했던 것보다 그리기 어렵다는 걸 알게 되기도 하는데, 전체를 다 그린 다음에 이런 사실을 깨닫느니 마지막 칸을 가장 먼저 그린 뒤에 발견하는 편이 훨씬 낫다. 일요판 코믹 스트립에서는 특히 마지막 칸이 대단히 중요하다. 독자는 일요판 만화를 볼 때 오른쪽 하단 모퉁이로 시선이 떨어지기 쉬운데, 그러면 결말을 미리 보게 되어 김이 새고 만다. 그러므로 마지막 칸으로 주의를 끌지 않으려 노력하고 첫 번째 칸을 흥미롭게 만듦으로써, 독자가 결말로 건너뛰지 않도록 하는 것이 중요하다. 이를테면, 나는 이따금 마지막 칸 대사를 강조하기 위해서 큰 활자를 넣고 싶을 때가 있다. 하지만 만화를 보는 독자가 즉시 거기에 눈이 끌려 핵심 대사를 너무 빨리 보게 될지 모른다는 걱정에 그 욕심을 포기하곤 한다.

　　나는 긴 줄거리를 사전에 준비해 놓지 않고 매일 그날의 이야기가 좋을 대로 전개되도록 내버려 두는 편이다. 전체 줄거리를 잘 짜는 것보다는 매일 좋은 아이디어를 이어

가는 편이 훨씬 중요하다고 믿는다. 코믹 스트립 작가는 일일 에피소드보다 전체 줄거리에 너무 집착해서는 안 된다. 그렇게 하면 독자는 만화를 이삼 일 건너뛰어도 내용을 따라잡을 수 있다고 안심할 수가 없다. 만화가는 절대 이런 일을 해서는 안 된다.

에피소드가 아닌 짧은 이야기를 독자에게 전달하는 요령을 터득하는 데에 몇 년이 걸렸다. 나는 그때 이미 만화에서 주제를 변주하는 방법을 알고 있긴 했지만, 연날리기를 하던 찰리 브라운의 연이 나무에 걸리는 이야기를 그린 후에야 이런 방식을 제대로 쓰게 되었다. 이 이야기에서 찰리 브라운은 너무 화가 나서 연줄을 잡고 나무 아래에 서서 평생 움직이지 않겠다고 말한다. 여기에 나는 매일 다른 캐릭터가 한 명씩 찰리 브라운에게 찾아와 따분한 이야기를 하거나 찰리 브라운의 비꼬는 대답을 유발하는 말을 하도록 배치했다. 이 이야기는 짤막했지만 새로운 독자들을 좀 불러들인 것 같다. 그 뒤로 나는 이런 방식의 이야기를 종종 그리려고 했다. 일단 이야기가 전개되면 작은 규모의 에피소드가 절로 많이 떠올라 아이디어를 생각해 내기 좋다는 사실을 깨달은 까닭이다.

내가 가장 좋아하는 이야기가 무엇인지 잘라 말하기는

어렵지만, 내 예상보다 훨씬 반응이 좋았던 이야기는 어느 날 아침에 떠오르는 해 대신 지평선을 넘어 날아오는 거대한 야구공을 본 찰리 브라운이 겪는 문제였다. 결국 야구공의 재봉선과 비슷한 발진이 찰리 브라운의 머리에 나타나는데, 소아과 의사는 캠프에 가서 좀 쉬는 게 좋겠다고 말한다. 발진 때문에 부끄러웠던 찰리 브라운은 종이봉투를 머리에 뒤집어쓰기로 한다. 캠프 첫날, 모든 소년이 모인 자리에서 누군가가 농담으로 머리에 종이봉투를 쓴 남자아이를 캠프 회장 후보로 추천한다. 찰리 브라운은 이 사실을 알기 전부터 캠프를 관리하면서 모두에게 존경을 받는 존재가 되어 있었다. 찰리 브라운이 하는 일은 모두 결과가 좋았고, 그는 '종이봉투', '종이봉투 씨'로 알려지면서 캠프에서 가장 인기가 많은 남자아이가 된다. 불운하게도 찰리 브라운은 발진이 가라앉았는지 알아보려고 종이봉투를 벗고 싶은 충동을 억누르지 못하는데, 그렇게 종이봉투를 벗자마자 예전의 찰리 브라운으로 돌아가 버리고 만다. 여기에 무슨 거대한 진실이나 멋진 도덕성이 숨어 있는 양 꾸미고 싶진 않다. 다만 이 짧고 깔끔한 우화는 내가 자랑스러워하는 작품 가운데 하나다. 안타깝게도 이런 종류의 이야기가 자주 생각나지는 않기 때문에, 이 정도로 좋은 이야기를 매년 한 편 정도만 만들 수 있으면 나는 만족한다.

　내 작품 중 길이가 가장 긴 연작은 페퍼민트 패티의 아이스 스케이트 경기 이야기였다. 그 이야기는 여러 갈래로 뻗어 갈 여지가 있었기에 길게 그릴 수 있었다. 우선 패티가 출전을 위한 연습을 해야 했으므로 패티에게 아이스 스케이트를 가르치는 스누피를 이야기에 끌어들일 수 있었고, 경기용 드레스를 만드는 이야기도 넣을 수 있었다. 패티는 마시에게 이야기한 것처럼, 원치는 않았지만 자신의 드레스를 만들게 되었던 것이다. 이 연작을 5주 정도 이어 그렸고, 이야기는 당연하게도 가여운 페퍼민트 패티에게는 슬픈 장면으로 마무리되었다. 패티가 그렇게 열심히 준비한 아이스 스케이트 경기가 알고 보니 롤러스케이트 경기로 밝혀졌던 것이다.

　속도 조절은 매우 중요하다. 나는 이런 연작을 완성한 후에는 한 편으로 완결되는 간단한 에피소드 형식으로 돌아가곤 한다. 쓸 수 있는 캐릭터가 많으면 마치 건반이 많은 피아노처럼 캐릭터를 다양하게 연주할 수 있으므로, 캐릭터 확보는 무척 중요하다. 내 생각에는 사실에 가까운 이야기, 그러니까 아이들이 아이들다운 행동을 보여 주는 그런 이야기 다음에는 스누피가 개집 지붕 위에 앉아서 자기 소설을 타자기로 쓰는 것처럼 엉뚱한 이야기를 그리는 것이 가장 좋은 것 같다. 그러면 평범한 상황에서는 그릴 수 없는 스타일의 유머를 만화에 넣을 수 있다. 이를테면 터무니없는 말장난을 타자기로 치는 스누피를 그릴 수도 있다. 스누피는 남편이 출장을 떠나고 혼자 집에 남게 될 일을 걱정하는 여자의 이야기를 타자기로 쓴다. 남편이 말한다. "문제를 해결했어요. 당신에게 주려고 '안타까운 마음'이라는 이름을 붙인 세인트버나드 개를 샀거든요. 이제 당신 혼자 남겨 둬야 할 때면 '안타까운 마음'을 곁에 남겨 두고 갈게요." 이런 말장난은 평범한 상황에는 절대 넣을 수 없는 것들이지만 스누피에게는 꽤 잘 녹아들었다. 스누피는 그런 이야기를 하기에 꼭 걸맞은 순진함과 이기적인 성품을 함께 갖추고 있기 때문이다.

이따금 그냥 찰리 브라운이 럭비공을 차게 내버려 두거나, 슈로더가 항복하고 루시의 남자 친구가 되게 만들어 버리고 싶은 마음이 강렬하게 생겨난다. 하지만 그렇게 하면 안 된다. 찰리 브라운은 결코 승자가 될 수 없다. 찰리 브라운을 야구 경기에서 이기게 한다면 내 코믹 스트립의 근간을 부수는 일이 될 것이다. 찰리 브라운을 더 생동감 있게 표현하기 위해 몇 가지 요소를 수정할 수는 있지만, 찰리 브라운의 속성을 희화화한 지금의 형태를 그 이상으로 파괴해서는 안 된다.

코믹 스트립 속에서 일어나는 일 중에는 그냥 내가 그리고 싶어서 그린 것도 있다. 나는 비 내리는 장면을 그리는 일이 즐겁다. 내가 펜촉으로 멋진 획을 그을 수 있다는 게 자랑스럽기도 하고, 어린아이에게 비 내리는 날이 얼마나 실망스러웠는지에 대한 기억도 있기 때문이다. 십 대 때 목을 빼고 기다렸던 스포츠 경기들과 비 때문에 경기가 연기되었을 때의 좌절감을 돌이켜 보면 만화의 소재로 쓸 수 있는 감정을 떠올릴 수 있다.

『피너츠』에서 남자아이들이 여자아이들보다 더 주도적인 편이라는 점을 너무 심리학적으로 분석할 필요는 없을 것 같다. 나도 이 부분을 항상 의식하고 있다. 그러나 나는 아무래도 소녀보다는 소년의 괴로움을 많이 알고 있다. 여자아이에 대해 내가 쓴 이야기 가운데는 귀 피어싱 이야기가 가장 좋았던 것 같다. 이런 이야기를 그려야 할 때면 사전 조사를 충분히 해서 이야기를 진짜처럼 만들려고 노력한다. 여러 외과의에게 전화를 걸어서 귀를 뚫을 때 생기는 문제들을 알아봤고, 시술에 대한 의사의 소견도 들어 보았다. 감염과 통증을 비롯한 다른 문제들에 대해서도 찾아

보았다. 귀 피어싱 이야기는 성공적인 연작이었으며, 그걸 그리는 일은 다른 이야기를 그릴 때처럼 즐거웠다.

일요판 만화와 평일판 만화를 그릴 때는 각각 다른 문제를 해결해야 한다. 내가 일요판 만화를 그리기 시작할 무렵에는 속도를 조절하기가 쉽지 않았는데, 에피소드 구상에 착수하는 데만도 너무 많은 시간을 썼기 때문인 것 같다. 하지만 점차 문제를 파악할 수 있었고, 이후로는 한 에피소드나 이야기를 전체로서 상상하는 방법을 익혔다. 그런 후에는 최대한 사건에 집중이 되도록 에피소드의 도입부를 잘라 낸다. 달리 말하자면, 코믹 스트립의 첫 번째나 두 번째 칸까지 아이들이 우두커니 서서 앞으로 일어날 일을 말하도록 두지 않고, 에피소드 한가운데에서 사건이 일어나고 빠르게 진행되게 만들어야 하는 것이다. 좀 더 현실적인 캐릭터들이 등장하는 만화에서는 사정이 다를 수도 있지만, 내가 그리는 만화처럼 추상적인 상황을 다루는 코믹 스트립에서는 명심해야 할 사실이다.

펜과 잉크를 써서 그림을 그리는 일은 즐거운 한편, 도전 정신을 불러일으킨다. 나는 펜으로 그림을 그릴 때면 순수미술 화가들이 '뛰어난 그림'이라고 부르는 경지에 가까운 것을 성취할 수 있을 듯한 기분이 된다. 신문 인쇄술로는 우리네 업계의 좋은 예술가들이 솜씨를 발휘해서 그린 펜 그림과 붓 그림을 제대로 보여 줄 수 없어 안타깝다. 코믹 스트립은 상당한 집중을 요한다. 예를 들면 나는 잔디를 그릴 때는 '잔디를 상상하고' 있어야만 한다는 걸 깨달았다. 나무 울타리로 쓰이는 판자를 그릴 때는 그 판자의 질감을 떠올리면서 그려야 그 질감의 형태를 펜으로 표현할 수 있다. 통신 학교에서 일할 무렵에는 펜과 잉크로 간단한 연습용 시안을 그려서 학생들에게 보내곤 했다. 그때는 펜 선을 세 종류로 그렸는데, 첫 번째는 아주 가늘게, 두 번째는 중간 굵기로, 마지막은 아주 굵게 그렸다. 이 선들이 서로 닿지 않도록 얼마나 가까이 붙여 그릴 수 있는지, 얼마나 완벽한 펜 선을 그릴 수 있는지 시험할 때면 도전 정신이 솟았다. 이런 연습을 수백 번 한 것이 지금의 기술을 터득하는 데 도움이 되었다. 붓을 쓰는 방법도 이것저것 실험해 보았고 그 결과도 나쁘지 않았지만 나는 이미 신인 시절에 붓으로 그림을 그리자는 생각을 버렸다. 『피너츠』에 등장하는 인물들을 그릴 때는 붓보다는 더 단단한 선이 필요했다.

세월이 흐르면서 내 그림 스타일은 상당히 느슨해졌고, 코믹 스트립의 내용 또한 내가 보여 주려 하는 모습에 맞추어 변해 갔다. 중요한 것은 코믹 스트립이 나아가는 과정에서 스타일과 내용이 일치해야 한다는 점이다. 만화가는 형태를 과도하게 희화화하지 말아야 한다. 독자는 캐릭터의 표정이 말하는 바를 알아볼 수 있어야 하므로, 지나치게 희화화하여 사물이 지닌 균형감을 알아볼 수 없을 정도로 왜곡시켜서는 안 된다. 모든 것은 실제 모습에 바탕을 두고 그려져야 하고, 희화화의 정도는 유머의 강도와 조화되어야 한다.

사람들은 코믹 스트립이 지면에 발표되는 것보다 얼마나 먼저 완성되는지를 항상 궁금해한다. 물론 마감은 신디케이트마다 다르지만, 내 일정으로는 적어도 실제 발행일의 10주 전에 해당 일요판 만화가 뉴욕에 도착해야 한다. 그보다 일찍 끝내는 것은 그저 내 시간을 내기 위한 것인데, 나는 끊임없이 내 마감 시간을 앞당기려고 노력한다. 쉴 틈을 조금 얻기 위해 신디케이트의 마감보다 이삼 주 앞서서 만화를 그리려 하지만, 안타깝게도 이와 같은 노력은 거의 정상에 다다르자마자 출발점으로 미끄러지게 된다는 점에서 유리로 만들어진 동산을 달려 올라가는 일과 약간 비슷하다. 이삼 주의 시간을 벌기 위해서는 6개월이 필요하지만, 이렇게 벌어 놓은 시간은 금세 사라지는 것 같다. 만화가라는 직업의 가장 멋진 점은 사람들과 접촉하고 있고 교류하고 있다는 사실을 내가 안다는 것이다. 그 점이 만화를 그리는 일을 보람 있는 직업으로 만들어 준다. 다만 이 장점을 누리려고 직업 만화가가 될 필요는 없다. 단순히 친구에게 보내는 편지 같은 데 만화를 그리는 일도 아주 뜻깊을 수 있으니까.

최근 작업실에 도착하는 편지는 하루에 거의 백 통 정도다. 편지의 숫자는 코믹 스트립에서 진행되는 내용에 따라, 텔레비전에서 방송하는 내용에 따라 조금씩 달라진다. 최근 밸런타인데이에 방영된 텔레비전 방송에서는 찰리 브라운이 학교 파티에서 밸런타인데이 카드를 하나도 받지 못해 비참해했는데, 이에 대한 시청자의 반응이 엄청났다. 한번은 라이너스의 담요로 연을 만든 루시가 라이너스에게 그 연을 날리던 중 줄이 끊어져서 담요 연이 나무들 너머 지평선 멀리로 사라져 버렸다고 알려 주는 에피소드를 그렸다. 그러자 전국의 독자들이 자기 고향이나 비슷한 동네에서 그 연이 날아가는 걸 보았다는 편지를 보내는 일에 재미를 붙였다. 휴가를 보내던 한 커플은 담요 연이 그랜드 캐니언 상공을 날아가는 걸 보았다는 소식을 전해 주었고, 어떤 사람들은 라이너스에게 마지막으로 담요가 목격된 지점을 알려 주려 했는지 지역 신문의 분실 광고란에 광고를 내 일련의 장난에 동참했다.

　1966년 5월에 나는 운 좋게도 몇몇 사람을 불편하게 하는 연작을 그렸다. '운이 좋다'라고 말하는 이유는 어찌됐든 그 아이디어가 독자를 즐겁게 했을 뿐만 아니라 몇몇 독자에게는 작중 캐릭터들에게 너무 이입한 나머지 그들에게 뭔가 나쁜 일이 생길지도 모른다고 걱정하는 것만으로도 마음이 불편해지게 했기 때문이다. 이 경우에 나쁜 일이란 라이너스와 루시가 태어나고 자란 마을을 떠나게 되는 것이었다. 아무도 이런 일을 예상하지 못했을 것이다. 이삿짐을 실은 차가 마침내 출발하자 만화를 읽는 모든 이에게 슬픈 날이 닥친 것 같았다. 편지와 전보가 작업실로 날아들기 시작하자 나는 갑자기 실수를 깨달았다. 나는 원래부터 라이너스와 루시의 부재를 그렇게 오래 끌지 않고, 그들의 아버지가 마음을 바꾸어 가족을 다시 옛 동네로 데리고 오게 만들 예정이었다. 이렇게 되자 나는 이제 최소한 두 달 동안은 라이너스와 루시를 떠나 있게 하고 싶어졌으나, 한편으론 신문 편집자들에게 거센 비난을 들을까 봐 두려웠다. 어쨌든 독자가 얼마나 진심을 다해 걱정하는가를 알게 되자 나는 내가 꽤 잘하고 있다는 걸 알 수 있었다. 의사 독자 한 사람은 이런 전신을 보냈다. "현재 전개로 깊은 상심.

아동의 정신건강에 나쁨. 조언 요망." 이렇게 쓰인 전보도 받았다. "제발 라이너스를 떠나보내지 마세요. 저에겐 아들 같은 아이입니다." 나는 이 전보에 이렇게 답장했다. "너무 충격받지 마세요. 시간이 약이 될 겁니다." 한 친절한 소녀는 버클리에 있는 학생 27,000명이 엄청나게 상심하고 있을 거라고 썼다. 또 내가 좋아하는 편지 하나는 한 소녀가 보낸 것인데, 어머니가 현재 상황 때문에 매우 감정 상태가 불안정하며 만약 라이너스와 루시가 옛 동네로 돌아오지 않는다면 자기 가족이 산산조각 나고 말 지경이라고 적고 있었다. 오클라호마의 한 신학 대학 학생은 내가 코믹 스트립에 자주 넣는 외침 소리를 거대하게 써서 보냈다. "으악!" 그리고 편지 아랫부분에는 추신을 덧붙였다. "언제까지 계속 라이너스와 루시의 운명을 궁금해하면서 잠 못 이루는 밤을 보내야 하나요? 도와주세요!" 캘리포니아 주 레드우드시티에서 받은 엽서 하나도 마음에 들었다. "최근 며칠 동안 아침밥을 먹을 때마다 공포에 사로잡혔어요. 라이너스와 루시에게 무슨 일이 일어날지 모르는 상태로는 출근을 할 수가 없어요." 스톡턴에 사는 소녀는 '훌쩍'이라는 글자로 아이들에 대한 걱정을 표현한 다음, 그 글자를 편지 하단에 백 번 되풀이해 적어 놓았다. 오하이오 주 데이턴에 사는 아주 선량한 여성 독자 한 사람은 엽서를 보내 몹시 애처로운 어조로 내게 물었다. "왜, 도대체 뭣 때문에 그런 짓을 했나요?" 그 아래에는 이렇게 서명을 했다. "떠난 이들에 대한 경의를 담아." 연작이 끝나고 라이너스와 루시가 마침내 원래 살던 동네로 돌아오자, 어떤 신문들은 1면에 이 뉴스를 싣고 두 아이들이 집에 돌아온 것에 안도를 표했다. 특히 흥미로웠던 편지는 한 여성에게 온 것으로 이렇게 쓰여 있었다. "오늘, 조지아 주에 있는 우리 가정에 당신이 안정과 행복을 돌려주었답니다."

코믹 스트립이 불러일으킨 반응에 내가 미처 대응을 준비하지 못한 경우도 있었다. 1970년에 라이너스는 루시에게 이렇게 물었다. "천국에 아름답고 매우 똑똑한 아이가 탄생을 기다리고 있는데 부모가 이미 가진 두 명의 아이로 충분하다는 결정을 하면 어떻게 되는 거야?" 루시는 이렇게 대답한다. "네 신학적, 의학적 무지는 정말 놀랍구나." 라이너스는 마지막 칸에서 이렇게 말한다. "흠, 그래도 좋은 질문이었다고 생각해." 나는 내가 무슨 논쟁거리를 건드렸는지 깨닫지도 못했기 때문에 특정 주제에 대한 찬반양론이 분분한 편지가 쏟아져 들어오자 대단히 놀랐다. 내게 낙태나 피임에 관한 논쟁에 참여하려는 의도는 없었다.

나는 그저 사람들이 스스로 잘 알지 못하는 것에 대해 너무 자주 논쟁하려 한다는 점을 그리고자 했다. 그 후 몇 주 동안 나는 인구 통제 정책에 대한 나의 견해를 칭찬하는 편지들을 받았고, 낙태할 권리를 위해 싸우는 사람들에게서도 편지를 받았다. 양측의 편지들은 나를 칭찬하기도 했고, 비난하기도 했다.

어느 일요판 만화는 예상보다 훨씬 큰 문제를 일으켰다. 만화 속에서 집에 온 샐리가 오빠인 찰리 브라운에게 할 말이 있다며, 다른 사람은 들으면 안 된다고 말한다. 둘은 자리를 떠나서 거실에 있는 소파 뒤에 숨는다. "우리, 오늘 학교에서 기도했어." 샐리가 아주 조용히 속삭인다. 그러자 이 만화가 지금까지 본 코믹 스트립 중에 가장 역겨웠으며, 전혀 재미있지도 않았을뿐더러 너무나도 명백한 신성 모독이라고 말하는 편지들이 왔다. 뉴저지 주 웨스트오렌지에 사는 한 여성은 이 만화를 명예의 전당에 걸어야 한다고 말하면서, "정말 아름다운 만화였고, 진심으로 지지를 보낸다"라고 말했다. 다른 만화들이 그랬던 것처럼 이 만화도 어떤 논쟁적 주제의 양측 진영 사람들을 상심하게 하기도 했고, 기쁘게 하기도 했다. 묘한 일이지만, 유나이티드 피처 신디케이트에는 학교 예배 재개 운동에, 혹은 학교 예배 폐지 운동에 쓰기 위해 이 코믹 스트립을 싣고 싶다는 요청이 빗발쳤다. 가장 간단한 해결책은 아무도 코믹 스트립을 쓰지 못하게 하는 것이었다.

『피너츠』를 그리는 동안 내가 가장 기분을 상하게 한 직업군은 검안사인 것 같다. 『피너츠』에 나오는 아이들은 눈에 문제가 생기면 항상 안과에 가는 탓이다. 이렇게 그리는 이유는 아이들에게 생기는 시력 문제의 본질이 무엇인지 몇몇 안과 의사 친구의 설명을 듣고 잘 알게 되었기 때문이다. 1966년에 나는 샐리가 안과 의사에게 한쪽 눈이 약시라는 진단을 받고 눈 위에 반창고를 붙이는 연작을 그렸다. 즉시 나는 검안사들로부터 샐리가 검안사를 찾아갈 수도 있었으며 그렇게 해도 안과 의사에게 가는 것과 똑같았을 것이라는 분노에 찬 편지들을 받았다. 하지만 내 조사에 따르면 그렇지는 않다. 그래도 검안사들은 여전히 이 이야기가 그저 자신들 직군에 대한 불신을 표하는 이야기라고 확신할 테지만, 이는 진실이 아니다. 나는 그저 아이들을 생각했을 따름이다.

만화가에게 무척 중요한 것은 관찰하는 사람이 되는 일이다. 사람들의 이상한 행동을 관찰하고 사람들의 이상한 말도 잘 들어야 할 뿐 아니라, 그들을 둘러싼 세상이 어떻게 생겼는지도 충분히 관찰해야 한다. 어떤 만화가들은 어린아이의 세발자전거라든지 농기구 같은 것처럼 그들이 만화에 그려야 하는 사물에 대한 철저한 자료를 가지고 있다. 실제 스케치를 많이 하는 만화가들도 있다. 나는 일상에서 관찰을 하다 '눈으로 그리기'라고밖에는 표현할 수 없는 행동에 다다르곤 하는데, 이 행동은 멈출 수가 없기 때문에 이따금 정말 부담스러워진다. 누군가와 대화를 하는 동안, 나는 내가 눈으로 그림을 그리고 있다는 것을 깨닫곤 한다. 상대방의 셔츠 옷깃이 어떻게 뒷목을 감싸면서 한쪽으로 희미한 그림자를 만들고 있는지, 상대방이 입은 옷소매의 주름 형태가 어떤지, 상대방의 팔이 의자 끄트머리에 어떻게 놓여 있는지, 상대방이 고개를 돌리는 각도에 따라 얼굴 형태가 어떻게 움직이는지를 관찰한다. 눈으로 그리기는 실제 스케치를 하는 것과 크게 다를 바가 없으며, 종이에 그림을 그리는 것 다음으로 좋은 방법이다. 하지만 이런 행동이 이따금 강박적으로 느껴질 때가 있다. 숫자까지 세면서 이를 계속 딱딱거리거나 전신주를 세는 사람들처럼 말이다. 어쩌면 신경증일지도 모르지만, 어쨌든 난 이 버릇으로 뭔가를 얻는다.

어떻게 『피너츠』로 계속 성공할 수 있었느냐는 질문

을 받는다면, 나는 높은 경쟁력을 유지한 것이 가장 중요했다고 말하고 싶다. 나는 패배했을 때 통제할 수 없는 분노를 느끼는 사람은 아니지만 그래도 별수 없이 지는 것보다는 이기는 걸 더 좋아한다. 내가 가장 잘한다고 느끼는 일, 그러니까 코믹 스트립을 그리는 일에서는 이기는 일이 중요하다. 신문 만화 면에서는 만화가들이 주목을 끌기 위해 경쟁한다. 어떤 만화는 더 큰 공간을 차지해서, 어떤 만화는 칸마다 두껍고 검은 외곽선을 써서 다른 만화보다 주목을 끌려고 한다. 어떤 만화는 그림 도중에 먹칠을 한 극적인 영역을 넣음으로써 그렇게 한다. 나는 만화 면에서 가장 작은 공간을 할당받았던 까닭에 흰 여백을 쓰는 것으로 반격했다. 코믹 스트립으로 꽉 찬 지면에서는 흰 공간을 많이 쓰는 작은 작품이 시선을 끌게 된다. 일단 시선을 받으면 당연히 만화에 쓰는 아이디어의 수준을 관리하여 그 관심을 유지시켜야 하는데, 이 과정은 온전히 작가에게 달려 있다. 나는 내가 세월이 내 일에 피할 수 없는 악영향을 끼친다고 괴로워하는 부류의 사람이 아니면 좋겠다. 나는 신문 지면에서 내 코믹 스트립이 최고의 작품이 되도록 스스로 매일 열심히 노력하고 있다고 확신한다. 성공 여부는 중요치 않다. 내가 정말 노력했다는 것을 나는 알고 있다. 내

가 골프 대회나 테니스 경기를 보는 것처럼 만화 면을 바라
보고 있다고 해도 좋을 것이다. 그런 경기나 대회에서도 그
렇지만, 결승에 진출하는 것은 중요하다.

　　나는 매일 일하러 가는 것이 즐겁다. 나를 잘 아는 친
구들이라면 내가 한 번도 '일'이라는 표현을 쓴 적이 없다
는 사실을 증명해 줄 테지만 말이다. 어떤 날에 여유가 없다
고 말해야 할 때면 나는 언제나 "작업실에 가서 그림을 좀
그려야 해서 안 되겠어"라고 한다. 이건 어쩌면 미신일지도
모르지만, 사실 나는 내가 하는 일을 고된 일이라고 생각하
는 사람이 없으면 좋겠다고 바라는 것 같다. 내가 내 삶에서
완벽하게 안정감을 느낄 수 있는 몇 안 되는 상황 중 하나는
바로 그림을 그리는 것이다. 작업대 앞에 앉아 있을 때면 내
가 내 삶을 주도하고 있다는 기분이 든다. 작업실에 있으면
기분이 편안해지고, 내가 이때까지 그려 온 많은 작품에 꽤
나 자긍심을 느끼게 된다. 나는 만화라는 영역의 진보에 내
몫의 기여를 했다고 믿는데 이 역시 자랑스러운 점이다. 물
론 후회하는 것도 몇 가지 있다. 나는 『피너츠』가 항상 너
무 작은 크기로 지면에 인쇄되는 바람에(이 크기는 신문 인
쇄 용지가 부족한 시대에 구매 저항을 극복하기 위한 방편
으로 확립된 것이다) 좋지 않은 흐름을 만드는 데 일조했다

고 본다. 대부분의 만화 작품은 평일판 만화로 출발하고, 만화가 성공하면 일요판 지면이라는 보상을 얻게 된다. 보통의 신문에 할당된 일요판 만화 면에서는 한정된 공간을 얻기 위해 격렬한 전쟁이 벌어진다. 여러 해 전에는 각 작품이 한 면 전체를 차지했다. 그러나 이 공간이 반으로, 3분의 1 크기로 줄어들다 지금은 4분의 1 크기가 되면서, 뛰어난 작품이 될 수도 있었을 수많은 만화의 가능성이 사라졌다. 이런 크기로 만화를 보는 것은 시네라마*로 보아야 할 영상을 10인치짜리 텔레비전 화면으로 보는 것과 다를 바가 없다. 나는 내가 받아들여야 했던 지면 공간의 크기만큼이나 강요 끝에 쓰게 된 '피너츠'라는 제목 또한 싫어했다. 나는 지금도 그게 최악의 코믹 스트립 제목이라고 생각한다.

　티셔츠부터 도시락과 칫솔에 이르기까지, 우리는 세상을 라이선스 상품으로 뒤덮었다. 이 때문에 많은 비판을 받았지만 나는 이 비판을 받아들이기 어렵다. 내가 언제나 자신 있게 말할 수 있는 것은 내 만화 자체가 이런 부가 활동으로 피해를 입은 것이 전혀 없다는 사실이다. 나는 독자에게 선보일 1만 편의 코믹 스트립을 모두 직접 그렸고, 모든 아이디어를 직접 고안했다. 다른 활동이 중요한 상품, 그러니까 코믹 스트립을 간섭하도록 내버려 둔 적은 한 번도 없

---

* 대형 스크린에 세 대의 영사기를 동시에 영사하여 관객이 현장감을 느낄 수 있도록 만든 스크린 장치.

다. 포드 자동차 회사의 광고를 맡았을 때는 가장 격렬한 비판이 쏟아졌다. 사람들은 어떤 이유에서건 이 광고가 너무 지나치다고 여겼다. 하지만 나는 우리가 만든 광고가 훌륭하면서도 품위 있다고 믿는다. 나는 우리의 텔레비전 콘텐츠에 항상 깊은 관심을 기울이고 있다. 후원 업체들이 작품의 품위를 유지시킬 수 있는 업체인지 알아보기 위해 주의 깊게 검토하기까지 한다. 기본적으로 상품으로 나온 것에 어째서 너무 지나치게 상업적이라는 비난을 하는지 늘 의문이다.

그렇지만 사람들이 나를 뭐라고 부르든 내가 어디에서 일하든 그런 것은 전혀 중요하지 않다. 어딘가에 있는 누군가에게 즐거움을 가져다줄 수만 있다면 말이다. 백지 한 장을 꺼내 그 위에 사람들이 사랑하고 걱정하는 캐릭터들을 그리는 건 정말이지 만족스러운 일이다. 앞으로 다가올 25년 동안에도 계속해서 이 일을 할 수 있기를 나는 간절히 바라고 있다.

찰스 슐츠, 『피너츠 25주년 기념 – 찰리 브라운과 함께한 나의 삶과 예술』, 홀트 라인하트 앤드 윈스턴 출판사, 1975년, 157~180쪽.

만화가라는 직업

　　코믹 스트립만큼 오랜 세월을 견뎌 온 대중 매체는 거
의 없다. 성공한 코믹 스트립 중에는 30년이나 50년간 연재
되는 작품도 있다. 그 만화를 본 세대는 만화의 캐릭터들과
함께 자랐고, 실제 친구만큼이나 그 캐릭터들을 잘 안다.
코믹 스트립을 향한 독자의 열광은 믿을 수 없을 정도인데,
어느 날 편집자가 한 코믹 스트립을 신문에서 빼는 끔찍한
실수를 저지르면서 그들의 존재감이 만천하에 알려졌다.
그 편집자 앞으로 전화가 쇄도하는 동안 신문사 빌딩 앞에
서는 피켓 시위자들이 시정을 요구했다. 아주 훌륭한 텔레
비전 프로그램들조차 피할 수 없는 끔찍한 폐지율을 생각
하면 코믹 스트립의 평균 생존력은 주목할 만하다. 코믹 스
트립이 성공할 수 있었던 이유는 물론 에피소드의 간결함
에 있다. 텔레비전 프로그램의 경우, 시청자들은 매주 30분
이나 한 시간 동안 텔레비전을 보아야 한다. 하지만 만화를
읽는 데는 극히 짧은 시간밖에 걸리지 않는다. 그러면서도
그 이면에는 예술적인 노력이, 즉 하나의 창조 정신을 하나

의 만화로 만드는 위대한 진실이 자리하고 있다. 많은 만화가가 작업을 보조하는 어시스턴트를 고용하지만, 어시스턴트가 맡는 일은 상대적으로 기술적인 부분이며 결국 코믹 스트립을 성공으로 이끄는 것은 예외 없이 한 사람의 창조 정신이다. 그림 작가와 스토리 작가가 결합하여 코믹 스트립을 만드는 경우도 다른 대중 매체에서 필요한 복잡한 형태의 협업과는 전혀 다르다.

성공적인 코믹 스트립을 창작하는 데 가장 중요한 요소는 독특한 캐릭터를 만들어 내는 일일 것이다. 재미있게 읽은 익살스러운 에피소드는 일일이 기억하지 못하는 독자라도 그 코믹 스트립의 주인공에 대해서는 줄줄이 이야기할 수 있을 테고, 등장하는 캐릭터가 많은 작품이라면 그들 각각을 설명할 수 있을 것이다. 필시 매우 즐거워하면서 말이다.

만화가의 그림 스타일이 대다수 독자에게 인기가 있어야 하기는 하지만, 오늘 자 만화 면만 한번 훑어봐도 '인기 있는 스타일'에 정답은 없다는 걸 금세 알 수 있다. 심지어 좋은 그림 스타일이라는 것도 꼭 필요하지는 않다. 정말로 필요한 자질 하나는 바로 '효과적인 것'이다. 만화가는 효과가 있는 스타일을 가져야 한다. 소통에 적합한 스타일 말이다. 만화가는 독자에게 이야기를 전달할 수 있으면 그만일 뿐, 위대한 문학 작품을 창작할 필요는 없다. 사실을 말하자면, 거리를 다니는 사람들의 말을 흉내 낼 수 있고 그 말을 적합한 그림과 배치할 수 있는 만화가라면 반드시 성공할 것이다. 또한 최고의 만화가는 매일 사소한 무언가를 독자에게 전달하는 일의 중요성을 알고 있어야 한다. 에피소드를 길게 끄는 것은 치명적이다. 다른 매체를 따라 하는 것도 마찬가지다. 하나의 코믹 스트립을 구성하는 네모 칸은 영화 스크린이나 텔레비전 화면의 축소판 같은 것이 아니며, 그런 식으로 다뤄져서도 안 된다. 만화가는 반드시 만화라는 매체 안에서 작업해야 하고, 만화의 한계를 깨닫고 있어야 한다. 그 한계 중 하나는 분명 스케일이 큰 장면들을 연출하지 못한다는 것일 테다. 그런데 만화 캐릭터는 가능하지만 현실의 배우는 하지 못하는 일들도 있다. 훌륭한 만화가는 이런 지점들을 추구해야 한다. 캐릭터가 뒤로 확 넘어지는 장면은 언제나 효과적이다. 만화에서는 진짜 살아 있는 배우가 할 수 없는 방식으로 기쁨, 슬픔, 절망을 격렬하게 표현할 수 있다. 코믹 스트립의 대화에 쓰이는 말풍선 속 글자들은 매체의 표현을 제한하는 것처럼 보이지만 여기에도 독자에게 캐릭터의 목소리를 나름대로 상상하게 할 수 있다는 이점이 있다. 이렇게 코믹 스트립에서는 독자가 캐릭터의 연기를 머릿속에서 직접 재현하기 때문에 현실의 배우와 달리 실패할 일이 없다.

초기 만화 작가들은 할 수 있는 일이라면 가리지 않고 신문에 필요한 온갖 잡일을 하면서 경력을 쌓기 시작했다. 당시에는 뛰어난 작품을 평가하는 진정한 지표가 존재하지 않았고, 뛰어난 그림을 평가하는 명확한 기준도 없었는데, 이런 미답의 영역에서 훌륭한 스타일이 탄생했다. 거친 면도 있었고 때로는 조야하기도 했지만, 그런 요소들이 사라진 지금의 관점에서는 상당히 감탄할 만한 수준이다. 요즘에는 보통 만화가가 잡지에 만화를 팔면서 첫 경력을 시작하는데, 이 과정에서 신인 만화가는 쉽게 함정에 빠진다. 거의 모든 잡지에서 다수의 만화가가 그리는 똑같은 코 모양, 반쯤 감은 눈, 우쭐해하는 표현을 모방하는 것이다. 만화가는 일간지에 만화를 그릴 기회를 얻은 후, 특색 없는 캐릭터를 요구하는 만화 분파의 좁은 틀을 부술 수 없다는 깨달음을 얻는 순간 악화일로를 걷는다. 그리하여 더 매끈한 스타일로 그림을 그리는 작가들이 있음에도 진정한 자신만의 스타일을 가진 작가의 수는 이전 시대보다 줄어들었다. 현대의 코믹 스트립은 지면 부족으로도 고통받고 있다. 육체노동의 측면에서 이전과 비교해 작업이 훨씬 수월해진 건 분명한 사실이다. 하지만 만화가에게 주어지는 지면은 이전보다 줄어들었고, 그 안에서 예술적인 실험을 하기도 어려워졌다. 1930년대에는 일요판 만화 한 편에 신문의 한 면 전체를 쓸 수 있었다. 이제는 한 면에 세 편의 만화가 실리기도 하며, 일요판 만화는 평일판 만화에서 분량만 약간 늘어난 모양새가 되었다. 물론 이 모든 문제의 원인은 제2차 세계 대전 직후 신문 인쇄용지 부족으로 새로운 특집에 할당할 공간이 거의 없어지게 된 것과 신디케이트 사이의 경쟁에 있다. 신문 인쇄용지 문제는 해결되고 있지만, 신문사에 연재물을 판매하는 신디케이트라는 조직이 없다면 코믹 스트립 작가는 살아남을 수 없다. 신디케이트는 만화가가 그린 만화를 판매하고 배급하는 대가로 보통 수익의 50퍼센트를 가져간다. 미국에는 이런 신디케이트가 무척 많고 규모도 다양하다. 어떤 회사는 사오십 편의 만화를 소유하고 그걸 세계 각지의 신문에 판매하지만, 어떤 회사는 서너 작품 또는 단 한 작품만을 가지고 회사를 꾸려 간다. 그러나 끊임없이 새로운 만화 작품을 발굴하려 한다는 점은 모두 같다. 신인 만화가는 만화 업계가 포화 상태라거나 좋은 아이디어는 이미 다른 작가들이 써 버렸다는 생각

방금 그린 만화인데 한번 볼래?

봐, 이 사람이 여기 이 동물들을 가득 태운 트럭을 몰고 동물원 앞에 멈춰 서서 말하는 거야. "누가 왔어요!"

이해하겠어?

잘 생각해 보니, 내 유머 감각은 코믹 스트립에 쓰기엔 너무 섬세한 것 같아······.

SCHULZ 11-5

을 해서는 안 된다.

코믹 스트립 외에도 창작이라는 관점에서 보람을 느낄 수 있는 만화 분야가 있다. 어떤 분야에서는 금전적인 만족도 얻을 수 있다. 시사만화나 만평이라는 명칭으로 가장 널리 알려진 만화 분야에 종사하려면 사회 문제에 상당한 관심과 엄청난 노력을 기울여야 한다. 시사만화가 중에서 작품이 팔리는 작가는 몇 명 되지 않는다. 그들 중 대부분은 신디케이트가 아닌 각각의 신문사와 직접 계약하여 자신의 작품을 싣는데, 자신이 작품을 연재하는 신문사에서 특정한 사상을 지지하라고 강요하는 일은 없다고 잘라 말할 것이다. 시사만화가는 단순한 선 몇 개만을 이용하여 사설이 결코 할 수 없는 방식으로 논쟁적인 문제를 다룰 수 있다.

잡지 만화는 만화당 1달러나 2달러를 내고 살 수 있는 작은 출판물에서 1천 달러에 이르거나 그 가격을 상회하는 고급 취향의 잡지에 이르기까지 발표할 수 있는 영역이 매우 넓다. 잡지 만화의 문은 신인에게 활짝 열려 있다. 잡지는 기본적으로 프리랜서로부터 작품을 사들이기 때문이다. 소규모의 잡지 시장에서 중요하게 보는 것은 작가의 명성이나 경력이 아니라 만화 자체의 질과 그 잡지와 만화가 어울리는가 하는 문제다. 신인 만화가는 신중하게 자신이 뛰어들 시장을 고르고 항상 작업물을 어딘가에 보내 둔 상태에 있도록 노력해야 한다. 초심자가 할 수 있는 최악의 실수란 할 일이 없는 상황에 처하는 것인데, 만화가에게 일이란 바로 작품이 담긴 우편물을 신문사나 잡지사에 보내는 것이다.

애니메이션 업계는 최근 텔레비전의 등장으로 급격한 변화를 겪고 있기에 설명하기 어렵다. 극장용 만화는 제작 단가가 너무 높고 수익 회수가 느려서 줄어드는 추세다. 반면에 텔레비전 애니메이션은 다양한 방식으로 진화하고 있다. 애니메이션 영화 시대에 보았던 것들보다 수준이 현저히 떨어지는 작품도 있으나, 애니메이션은 제한적인 동화動畫에 가장 잘 적응한 매체이며 실제로 유머의 지평을 넓히기도 했다. 애니메이션 영화의 주요 제작사는 할리우드나 뉴욕에 있는데, 그 회사들 중 다수는 상업 영화를 전혀 만들지 않으면서도 멋지고 독창적인 텔레비전 광고를 제작하는 데 뛰어난 재능을 발휘한다.

전체적으로 보면 만화가는 여전히 세상에서 가장 매력적인 직업이다. 코믹 스트립 작가는 500종의 신문에 실리는 작품을 창조하는 사람일 수도 있고, 친구에게 보내는 편지를 더 뜻깊은 것으로 만들기 위해 그 편지를 만화로 장식하는 무명의 작가일 수도 있다. 어떤 경우든, 만화가는 자신만의 독특한 개성을 가지고 재미있다고 생각하는 것을 종이 위에 그리면서 만족을 얻을 것이다. 만화가라면 어딘가에 있는 독자에게 즐거움을 선사하는 것만큼 멋진 일은 없다는 사실 또한 알고 있을 것이다.

찰스 슐츠, 「만화가라는 직업」, 미출간 원고, 1965년 6월 16일.

수억 명이 만화를 읽는 이유

코믹 스트립처럼 많은 추종자를 가지고 있으면서도 그에 대한 연구가 부족한 대중 매체도 없을 것이다. 평일판과 일요판 만화를 그리는 코믹 스트립 작가는 수준 높은 비평의 대상이 되지 못한다. 만화가가 확인할 수 있는 것은 독자의 편지와 그 달의 성과를 알려 주는 소속 신디케이트의 월급 내역뿐이다. 그런 지경이라, 데이비드 매닝 화이트와 로버트 H. 에이블이 편집한 『신문 만화 – 미국의 언어』가 출판되자, 그동안 외면받았던 만화라는 매체가 다뤄졌다는 것만으로도 전국의 수많은 만화가가 매우 기뻐했다.

서문에서 말하고 있는 것처럼 이 책은 "코믹 스트립의 본질을 완전히 이해하고 미국인의 삶 속에 자리한 코믹 스트립의 위상을 알아보기 위한 3년간의 연구 결과이며, 뉴욕에 있는 신문 만화 위원회에서 보스턴대학교 커뮤니케이션 연구 센터에 지급한 지원금을 받아 탄생"했다.

물론 만화를 읽는 일반 독자는 만화 위원회 같은 단체가 존재한다는 것도, 이 단체가 신문 만화가 옛 매력을 잃어 가고 있으며 더 이상 광고 효과가 없다는 인식이 생겨날 무렵에 만들어졌다는 것도 알지 못한다. 우리네 만화가 중 대부분은 만화를 그려 신문의 판매고 증진에 기여할 때 일을 제대로 했다고 믿는다.

그럼에도 이 책에서는 만화 업계의 제작에 실제로 종사하지 않는 사람에게는 별 관심을 끌지 못할 논문을 통해 "어린이부터 노인을 아우르는 1억 명 이상의 미국인이 일요판 신문에서 한 편 이상의 코믹 스트립을 읽는다는 것과 그중 9천만 명이 고정 독자"라는 사실을 언급한다.

60년이 넘는 세월 동안 코믹 스트립은 지지부진한 묘사 없이 핵심적인 대화만을 원하는 독자의 매우 인간적인 욕구를 충족시켰다. 만화는 그림이 없는 두꺼운 책에 싫증 난 독자에게 모든 문장에 그림이 붙어 있고 모든 장면에서 사건이 발생하는 이야기 형식을 제공해 주었다. 놀랍게도, 활자를 좋아하고 양서를 즐겨 읽는 독자도 만화에 매력을 느낀다. 에드워드 J. 로빈슨과 데이비드 매닝 화이트도 훌륭한 교육을 받은 사람이 꾸준한 만화 독자가 된다고 말한다. 「만화 독자는 누구이며 왜 만화를 읽는가」라는 글에서 저자들이 밝혀낸 것은 "성인은 만화 읽는 것을 좋아하면서도, 그 사실을 인정하기 부끄러워한다"라는 점이다. 또한 사람들은 자신을 제외하고는 대체로 교육 수준이나 사회 계급이 낮은 사람이 만화를 본다고 생각한다.

아동 독자에 대한 연구를 보면 진실은 정확히 반대다. 아이들은 고등 교육을 받은 사람과 엘리트 직업군에 열정적인 만화 독자가 있다는 사실을 안다. 만화책 독자에 대한 일반 성인층의 인식과는 달리, 상류 계층의 독자는 언제나 확고하게 존재해 왔다.

애초에 논문으로 썼던 내용을 책으로 만들기 위해, 꽤 오래 묵은 기사들이 복각되었다.『크레이지 캣』에 대한 길버트 셀데스의 논평은 매우 반갑다. 이 글은 역사상 가장 훌륭한 만화를 그 가치에 걸맞게 대우하고 있다. 그러나 셀데스는 만화 지면에서 탄생했던 다른 예술적인 작품을 전부 섭렵하지는 못했다. 기대를 저버린 작가들도 있다.『뽀빠이』,『아버지 기르기』*,『바니 구글』**,『문 멀린스』***,『폴리와 친구들』****처럼 유명한 걸작을 그리려면 내용에 걸맞은 작화를 해야 했는데, 이 책의 그림 작가들은 원작자

---

* 조지 맥매너스가 졸부가 된 아일랜드 이민자 가족을 소재로 창작한 코믹 스트립으로, 1913년부터 2000년까지 87년간 연재되었다.
** 빌리 디벡의 코믹 스트립으로, 1919년에 시작되어 아직까지도 간간이 연재되고 있다. 찰스 슐츠의 별명인 '스파키'는 이 만화에 등장하는 경주마의 이름 '스파크 플러그'에서 따온 것이기도 하다.
*** 프랭크 윌라드의 코믹 스트립. 1923년부터 1991년까지 연재되었다. 한 하숙집에 거주하는 교양 없는 사람들의 이야기를 다루었다.
**** 클리프 스터릿의 코믹 스트립. 1912년부터 1958년까지 연재되었다. 자유로운 성격의 젊은 여주인공 폴리 퍼킨스와 그 가족에 대한 이야기다.

루시 누나,
이 만화 한번 보고
재미있는지 말해 줘.

누가 그린 거야?

내가
그린……

그럼 재미없어!

6-17

누나들이란 인생이라는 잔디밭에 돋아난 잡초 같은 존재라니까!

SCHULZ

의 그림을 재현하지 못했다. 원작자들이 세상을 떠난 후에 그 코믹 스트립들을 이어 그린 사람들은 자신의 소임을 다하긴 했지만, 현대 독자가 초기 천재 만화가들의 멋진 펜 선을 볼 기회를 빼앗는 실수를 저질렀다.

　나 또한 로이 크레인이 직접 그렸던 시절의 『이지 선장』을 보지 못했다. 우리가 다루는 매체의 진정한 비극은 이지 선장 같은 캐릭터가 비참한 형태의 온갖 죽음을 맞이한다는 것이다. 캐릭터는 그들을 영원히 살리려고 노력하는 사람들의 손에서 매일 죽어 나간다. 더욱 끔찍하게도, 이런 캐릭터가 텔레비전 애니메이션에 등장한다.

　「비예술로서의 만화」라는 아주 짧은 글은 아무것도 증명하지 못하며, 책 후반부에 실린 앨 캐프와 월트 켈리의 글은 좋긴 하지만 전체 내용과 그다지 큰 연관이 없다. 오히려 이 책이 충실하지 않다는 느낌만을 줄 뿐이다. 그렇다고 해도 이 책이 만화를 다룬 책 중 가장 훌륭하다는 사실에는 변함이 없다. 그리고 판매대에 놓인 이 책을 보고 가장 기뻐할 이는 바로 우리 만화가들이다.

찰스 슐츠, 「수억 명이 만화를 읽는 이유」, 『뉴욕 해럴드 트리뷴』, 1963년 7월 5일자.

행복은 수많은 일거리

『작가 연감』의 편집자 커크 포킹에게서 이 글을 써 달라는 연락을 받고, 나는 몇 가지 이유로 매우 기뻤다. 십 대부터 나는 『작가 연감』의 애독자였다. 책이 나올 때마다 샀고, 내 코믹 스트립을 그릴 날을 꿈꾸면서 모든 글자를 빨아들이듯이 읽었다. 또 나는 우리의 이야기를 다룬 『새터데이 이브닝 포스트』(1964년 4월 25일 자)의 기사 때문에 생긴 몇 가지 오해를 정리할 때가 되었다고 느끼기도 했다. 사람들은 이 문제의 기사를 꼼꼼히 뜯어본 모양이다. 그 결과 내가 능력의 한계에 다다라 크나큰 압박을 견뎌 내려고 애쓰고 있고, 내 아내가 『피너츠』에 나오는 루시 같은 사람이며, 내가 유나이티드 피처 신디케이트에서는 무슨 일이 일어나는지 전혀 모르고 있다는 말이 나온 것 같다. 이런 소문은 모두 진실과 전혀 다르다. 래리 러트먼, 짐 헤네시, 해리 길버트, 짐 프리먼은 모두 내가 친구로 여기는 사람이며, 동료로서 우리의 우정이 없었더라면 지금과 같은 성과를 이루지 못했을 것이다. 우리가 의견을 일치시킬 수 없었던 단 한 가지

문제는 코믹 스트립의 제목인 『피너츠』였다(『피너츠』는 원래 '릴 폭스'라고 할 예정이었지만, 택 나이트가 자기 만화에 '리틀 폭스'라는 제목을 쓴 적이 있다는 걸 안 후에는 다른 이름을 찾아내야 했다. 내가 생각할 수 있었던 유일한 제목이자 지금도 좋아하는 제목은 '친애하는 찰리 브라운'이지만 신디케이트의 반대에 부딪혔다. 결국 회사 사람이 뽑아 온 후보 중에서 채택된 것이 '피너츠'였는데, 그때도 그 제목이 끔찍하다고 느꼈고 지금도 그렇다. 이건 내 코믹 스트립에 담긴 유머의 품격에 어울리는 제목이 아니다). 이 제목이 우리 사이에서 끊임없이 농담조로 오르내리긴 했지만, 그렇다고 해서 그들과 나 사이에 악감정이 생긴 것은 아니었다. 포드 광고 계약을 조율할 때 나 혼자였다면 중요한 사항들을 결코 결정할 수 없었을 것이다. 유나이티드 피처에 래리 러트먼과 짐 헤네시가 있었고, 그들의 연륜이 있었기에 가능했던 일들이다. 또 나는 창작의 압박감에 시달리지도 않으며, 내 아내는 루시 같은 사람이 아니다.

내가 『행복은 포근한 강아지』를 출판한 디터민드 프로덕션과 연관이 있거나 아예 그곳의 소유자일지 모른다는 말도 도는 것 같다. 이 또한 억측이다. 디터민드 프로덕션의 실소유자인 존 부셰와 코니 부셰가 4년 전 어느 날 샌프

란시스코에서 내 작업실까지 찾아와 피너츠 달력을 만들면 어떻겠느냐고 제안했고, 그 일로 디터민드 프로덕션과 만족스러운 인연을 맺게 되었다. 그들의 제안에 따른 첫 번째 모험이 성공을 거둔 덕에 다음 책을 만들 수 있게 되었다. 지금은 '홀트 라인하트 앤드 윈스턴'으로 이름을 바꾼 라인하트 출판사에서 당시 재출간된 내 책이 꾸준히 높은 판매고를 올리고 있었지만, 내 마음 한구석에는 언제나 단순히 재판을 찍는 것 외에 다른 것을 해 보고 싶은 욕심이 있었다. 그때 코니 부셰가 내가 그린 평일판 코믹 스트립에서 '행복'에 대한 아이디어 서너 가지를 찾아내더니 그걸 책의 기본 아이디어로 삼자고 제안했다. 나는 이 아이디어에서 책 전체를 이끌어 나갈 재료를 충분히 찾을 수 있을지 의문스러웠지만 어쨌든 그렇게 진행하기로 했다. 책이 나오고, 사람들이 그 책을 좋아한다는 사실에 나만큼 놀란 사람은 없을 것이다. 디터민드 프로덕션과 함께한 모든 프로젝트가 즐거웠던 건 우리가 즐거운 것을 만들었기 때문이다. 책 세 권이나 네 권은 고사하고, 두 권이 연달아 성공하는 것조차 불가능하니 계속 실패에 대비하라고 말하는 출판업자들의 비판에 맞서 새로운 책을 한 권씩 붙여 나가는 것 또한 즐거운 일이었다.

『피너츠』를 이용한 부가 사업 중에서 규모가 가장 컸던 것은 포드 자동차 회사의 일이었다. 이와 관련된 광고 일은 모두 J. 월터 톰슨 회사에서 도맡아 처리했으며 이 회사와도 좋은 관계를 유지했다. 우리가 이 광고 계약에서 내세운 유일한 조건은 『피너츠』에 등장하는 캐릭터가 만화 속 성격을 그대로 유지해야 한다는 것이었으며, 그 조건은 당연히 받아들여졌다. 또 나는 광고에 등장하는 모든 그림을 직접 그리겠다고 고집했다. 찰리 브라운의 머리를 그릴 수 있는 것은 나뿐이라고 믿었기 때문이다. 포드 광고 프로젝트가 처음 시작되었을 때 우리는 꽤 많은 비판을 받았지만, 나는 이런 비판을 잘 이해할 수 없다. 우리가 만화 캐릭터의 상업화 전략을 처음으로 시도한 것도 아니고, 내가 태어날 무렵부터 이런 경향은 계속 있었다. 그렇지만 신문 편집자들의 우려는 이해할 수 있다. 신문의 만화 지면이라는 매체를 통해 『피너츠』를 알리려고 그 많은 노력을 했는데, 이제 우리가 신문에는 형편없는 것들만 남겨 두고 최고의 콘텐츠를 포드 사에 넘길까 걱정스러웠을 것이다. 그렇지만 나는 그것이 기우였음을 증명했다고 생각한다. 내 작업대 위에 있는 것들 중에 가장 중요한 일은 오늘 그려야 하는 코믹 스트립이다. 담당 편집자는 여전히 우리의 첫 번째

고객이며, 우리는 여전히 만화를 그려서 신문 발행 부수 확대를 돕고 있다. 부가 상품이 그 자리를 차지할 날은 절대 오지 않을 것이다.

홀마크 카드 회사 역시 우리와 함께 멋진 일을 했고, 계속 반복하여 말하지만 우리와 좋은 관계를 유지했다. 홀마크 카드사의 편집자인 아널드 섀피로는 새로운 카드에 대한 아이디어를 모두 나와 함께 검토해 주었고, 나는 내가 모든 카드를 그리겠다고 고집했다. 신디케이트의 마감일을 맞춰야 하는 상황이라면 쉽지 않은 일이지만 이는 내가 시간을 관리하는 법과 문제를 빠르게 해결하는 법을 익혀야 한다는 의미일 뿐이다. 그런 상황에서는 신경질을 부릴 여유가 없다. 그려야 할 그림이 있으면 그 그림을 그려 내놓아야 한다. 한정된 시간 안에 최고의 아이디어를 구상해 내는 사람이 있는 반면 너무나 긴 시간에도 이루는 일 하나 없이 지나가 버릴 수 있다는 사실에 여전히 나는 깜짝 놀란다.

내가 십 대를 위해 그린 종교 만화를 처음 실은 곳은 인디애나 주 앤더슨에 있는 가스펠 트럼펫 사에서 발행한 『유스』였다. 그 후로, 비슷한 부류의 만화를 원하는 교회 출판물들에 실리기 시작하더니, 어느새 꽤 많은 곳에 내 만화가 실리게 되었다. 그때마다 내가 유일하게 내건 조건은 만화 속의 내 개그를 절대 그들의 필요에 맞게 고쳐서는 안 된다는 것이었다. 나는 이 만화들을 통해 연단에 선 목사처럼 내가 하고 싶은 말을 무엇이든 할 수 있는 권리를 갖게 되었다. 난 이런 권리에 좀 심하게 집착하는 편인데, 솔직히 말하자면 내가 그린 모든 개그와 그림이 취급되는 방식에 심하게 집착한다.

이런 부가 상품들을 만드는 통상적인 과정은 다음과 같다(적어도 내게 처음으로 연락이 닿았을 때는 이렇게 일이 진행된다). 보통은 누군가가 내게 전화를 해서『피너츠』를 어떤 식으로 사용하고 싶은데 가능하느냐는 문의를 한다(내가 직접 전화를 받으면, 내가 자기 아이디어를 훔칠지도 모르니 전화로는 자세히 말할 수 없다고 말하는 사람을 걸러 낼 수 있는데, 그들의 아이디어란 언제나 라이너스의 안전 담요를 제작해서 팔아 보겠다는 것이다). 연락을 한 사람의 아이디어에 뭔가 있어 보일 때는 유나이티드 피처 신디케이트의 짐 헤네시와 먼저 이야기해 보라고 말한다. 그렇게 말하면 상대방은 반드시, 짐에게 전화를 하지 않을 거라는 준엄한 경고와 더불어 "찰리 브라운이라면 이 아이디어를 좋아할 거예요! 지금 당장 진행하기를 바랄 거라고요!"라는 말을 한다. 내가 유나이티드 피처 신디케이트와 함께 일하는 데는 현실적인 이유가 있다. 내 마음의 평화를 위해서도 이런 협업은 매우 중요한데, 짐이 모든 재정적인 협의 사항을 정리하기 이전에는 이런 협상에 임하지 않는 것이 최선이기 때문이다. 그런 후에야 나는 어떤 종류의 작업이 필요할지 준비할 수 있다.

작년 6월에 우리는 리 멘델슨 필름 프로덕션과 텔레비전 다큐멘터리를 완성했는데, 만화가라는 직업을 가진 모든 이가 이 다큐멘터리를 즐겁게 보면 좋겠다. 다큐멘터리에서는 『피너츠』의 전체 이야기를 다룰 뿐 아니라, 만화가의 인생에서 피할 수 없는 외로운 창작의 순간을 중점으로 삼아, 만화가의 하루를 보여 주고자 했다. 이 작품을 완성하는 데 거의 1년이 걸렸는데, 이번 시즌에 시기를 잡아 선보일 예정이다. 가장 힘들었던 부분은 내 생활을 묘사하기 위하여 내가 그림 그리는 장면을 촬영하는 일이었다. 카메라가 바로 내 등 뒤를 찍기도 했는데, 카메라 조명이 너무 뜨거워서 만화를 다 그리기도 전에 내가 쓰고 있던 검은 크레용이 녹아 버린 적도 있다. 이 한 시간짜리 방송에서 나는 최고의 장면을 야구 선수 윌리 메이스에게 빼앗겼다. 다큐멘터리에는 윌리 메이스가 스누피에게 공을 잡는 방법을 가르치기 위해 왼쪽으로 몸을 천천히 움직여 중견수 쪽에서 공을 잡는 아름다운 장면이 나온다. 스누피는 그를 흉내 내려고 하다가 결국 입으로 공을 잡아 버린다. 그 후에 윌리는 말한다. "내가 찰리 브라운 팀에서 야구를 해야 한다면 난 야구를 때려치우겠어!"

부가 사업을 할 수 있었던 것은 그게 우리의 근본인 『피너츠』라는 작품의 품위에 손상을 가하지 않을 거라고 확신했기 때문이다. 모두 흥미로운 프로젝트였고, 많은 프로젝트에서 꽤 큰 수입을 얻었다. 그러나 우리에게 중요한 것은 언제나 작품 자체였다. 우리가 종사하는 일은 여전히 신문 업계의 일이다.

이 일의 유일한 단점은 너무나 많은 독자를 만족시켜야 한다는 것이다. 연재 만화만 그리고 있다면야 편집국장과 신문사 고객, 그리고 독자에게 만화를 무사히 전달하는 일만 신경 쓰면 된다. 그러나 몇 년이 지나 만화를 그리는 능력이 발전하게 되면 당연히 광고 예술과 책 출판을 통해 새로운 비평, 새로운 미술 감독, 새로운 편집자를 만나게 된다. 그들은 내게 별것 아니라는 듯이 더 많은 그림을 그려 달라고 요구하는데, 나는 이런 피할 수 없는 일을 하면서도 비난을 들은 적이 없다. 작업 속도를 조절하기란 쉽지 않다. 평일판 만화와 일요판 만화를 그리면서 속도를 조절하는 것만으로도 충분히 힘들다. 나도 이걸 해내는 방법을 익히는 데만 3년이 넘게 걸렸다. 축하 카드나 자동차 광고, 재떨이 때문에 창작하는 속도를 바꿔야 할 때는 더욱 힘들어진다. 하지만 만화는 도전할 일이 있어야 훌륭해질 수 있다. 새로운 프로젝트, 새로운 도전은 필요한 것이다.

찰스 슐츠, 「행복은 수많은 일거리」, 『작가 연감』, 1965년 판(153호), 44〜46쪽.

끈기에 관하여

　　만화가란 매일 똑같은 것을 계속 그리면서도 자신을 반복하지 않는 사람이다.

　　이따금 아이디어가 금세 떠오르는 날이 있다. 하지만 안타깝게도, 아무것도 생각나지 않는 날 또한 있게 마련이다. 철학적인 의미가 담긴 내용, 모든 사람의 마음을 움직일 만한 내용을 그려 보려고 아무리 애를 써도, 그게 불가능하다고 깨닫게 되는 날.

　　그런 때에는 생각하기를 멈추지 않는다. 작업대 앞에 앉아서 나 자신과 간단한 대화를 나눠 보기도 하고, 과거를 돌이키며 아이디어를 찾아보고, 스누피와 다른 캐릭터들을 여러 가지 자세로 그려 보면서 뭔가 새로운 것이 떠오르기를 염원한다.

　　이마저도 실패한 뒤에 나에게 남은 방법은 그냥 기본으로 돌아가는 것이다. 만화는 결국 재미있는 그림을 그리는 일이고, 만화가는 이 사실을 잊어서는 안 된다. 만화가가 자신의 매체에 충실히 머무르면서 그것으로부터 너무

많이 벗어나지 않도록 주의하고, 자신의 일이 재미있는 그림을 그리는 일이라는 점을 기억한다면 그 만화가는 최악의 날을 최소한으로 줄일 수 있으리라고 나는 믿는다.

나는 그저 살아가는 일을 걱정하지는 않는다. 내가 신경을 쓰는 문제는 점점 나아지는 일에 관한 것이다. 나는 매일 전날의 일을 평가하고 어떻게 하면 전보다 더 낫게 만들 수 있을지 고민하면서 하루를 시작한다. 나는 언제나 캐릭터를 더 잘 그리려고 노력하며, 화가가 캔버스를 대하는 것처럼 각각의 칸을 채우려고 애쓴다.

요즘에는 그 어느 때보다도 내 아이디어를 더 까다롭게 평가하고 있으며, 내가 처음으로 떠올린 것들은 거의 쓰지 않게 되었다. 만화에 쓰기 좋은 아이디어는 행복한 기분보다는 슬픈 분위기에서 생겨난다. 몇 년 전에 나는 어떤 일들 때문에 슬픔에 빠졌는데, 그렇게 되고 보니 들리는 것들마다 우울한 것뿐이었다. 그 덕분에, 나는 과거에 그린 것들 못지않게 좋은 아이디어뿐 아니라 코믹 스트립을 새로운 영역으로 이끌고 갈 수 있는 아이디어들을 고안할 수 있었다.

사물의 즐거운 면을 보는 성격을 가진 사람은 가장 밑바닥에 있을 때, 모든 것에 아무런 희망이 없다고 느낄 때

뜻밖에 최고의 아이디어를 떠올릴 수 있을 것이다. 행복에서는 유머가 나오지 않는다. 행복한 상태에는 재미있는 요소가 전혀 없다. 유머는 슬픔으로부터 나온다.

1981년 7월에 나는 가슴에 이상한 압박감을 느끼며 일어났고 결국 관상 동맥 우회술을 받아야 했다. 내가 병원에 입원했을 때 간호사 한 명이 커다란 펠트 펜을 내 가까이에 갖다 두었다.

간호사는 말했다. "퇴원하시기 전에 여기 벽에 뭔가 그려 주셨으면 좋겠어요."

나는 평소에는 벽에 잘 그림을 그리지 않지만 그 요청에는 응해야 할 것 같은 기분이 들었다.

회복기에 있던 어느 늦은 밤이었다. 대부분의 만화 아이디어가 그렇듯이 벽화 아이디어도 갑자기 떠올랐다. 나는 조심스럽게 침대에서 내려와 펜을 집어 들고 스누피를 그리기 시작했다. 스누피가 흡입기로 공을 가장 높은 곳까지 띄우려고 고군분투하는 모습을 그렸는데, 모든 환자가 이 좌절스러운 행동에 감정 이입할 수 있을 터였다. 마지막 칸에는 스누피가 피곤함과 승리감 속에서 쓰러지는 모습을 그렸다.

수술을 결정하기는 힘들었다. 하지만 나는 거기에 있

었고, 내게 시도할 용기가 있는지 확신하지 못했던 어떤 과정을 내가 극복했다는 인식 속에서, 그리고 그건 어쩌면 만화를 그릴 운명 때문일지도 모른다는 크나큰 기쁨 속에서 그림을 그렸다.

끈기를 가지려면 자신이 하는 일에 적응하려 노력해야 한다. 나는 코믹 스트립이 위대한 예술이라고 주장한 적은 한 번도 없다. 코믹 스트립을 그리는 일이 내게 특별히 잘 맞는다고 느꼈을 뿐이다.

각본가 S. J. 페럴먼이 한 말 중에서 나는 이 말을 가장 좋아한다. "저는 등급을 매기는 것이 중요하다고 믿지 않습니다. 벽화를 그리는 화가든 세밀화를 그리는 화가든, 제게는 그들이 추구하는 예술의 타당성에 차이가 없습니다. …… 저는 제가 종사하는 분야의 예술에는 그 나름의 탁월한 요소가 있다고 생각합니다. 저는 저 자신이 이룬 것들을 뛰어넘고 싶을 뿐입니다."

찰스 슐츠, 「끈기에 관하여」, 팬핸들 이스턴 코퍼레이션의 광고 포스터에 실린 글, 텍사스 휴스턴, 1986년.

* 유서 깊은 대학 풋볼 경기인 로즈 볼을 축하하기 위해 1월 1일에 진행하는 퍼레이드.
** 퍼레이드를 이끄는 특별 손님.

미국 만화가 협회 컨벤션 연설

브루스 비티(미국 만화가 협회 회장): 오늘 아침 이렇게 저희 전체 세미나의 시작을 여는 멋진 자리에 참석해 주신 여러분, 모두 환영합니다. 이 전체 세미나가 컨벤션의 고정 행사가 되었으면 하는 것이 제 바람입니다. 우리는 모두 다른 사람과 교류하고자 여기에 왔지만 서로에게 도움을 줄 수도 있다고 생각합니다. 이런 장점은 활용할 필요가 있지요.

이 세미나의 첫 연설자로 찰스 슐츠만큼 적합한 사람은 없을 겁니다. 찰스 슐츠는 루벤상*을 두 번 받았고, 피바디상과 에미상**을 여러 차례 수상했습니다. 찰스 슐츠의 만화는 역사상 가장 많이 팔렸고, 2,300종이 넘는 신문에 실렸습니다. 1,400권이 넘는 책으로 출판되었으며, 이 책들은 26종의 언어로 번역되어 3억 부가 넘게 팔렸습니다. 이는 엄청난 성취가 아닐 수 없습니다.

이 계획은 몇 달 전으로 돌아가 슐츠 씨가 샌타로자 스튜디오에서 저와 (제 아내) 캐런을 만나기로 했을 때 시작되었습니다. 저는 슐츠 씨를 15분 정도 만날 수 있을 거라

---

* 미국 만화가 협회에서 우수한 만화가에게 수여하는 상.
** 둘 다 뛰어난 텔레비전 프로그램에 수여하는 상.

고 예상했습니다. 그렇게 만나서 사진을 몇 장 찍고 나면 슐츠 씨의 다른 바쁜 일정 때문에 문을 나서야 할 거라고요. 그러나 슐츠 씨는 종일 저희와 함께 보냈습니다. 그날 저는 스파키라는 사람을 알아 갔습니다. 제게 깊은 인상을 남긴 것은 이 모든 성취에도 불구하고 슐츠 씨는 여전히 그날그날의 만화를 그리는 만화가라는 점이었습니다. 스파키는 마치 신인 만화가처럼 매일 일을 합니다. 만화를 향한 그의 노력과 헌신, 일에 대한 열정 또한 저를 정말 놀라게 만들었습니다. 우리는 이런 미덕을 때때로 잊고 사는 것 같습니다. 우리는 모두 부자가 되고 싶어 하고 성공하고자 하면서, 정작 만화라는 예술이 진정으로 무엇인가를 망각하곤 합니다.

짧게 말하자면, 저는 그날 스파키가 탁월한 만화가라는 인상을 받았으며 이 말은 저의 진심입니다. 그 때문에 저는 오늘 세미나를 시작하는 사람이 스파키이기를 바랐습니다. 그가 저에게 전해 준 영감이 조금이나마 여러분 모두에게도 전해지기를 바랍니다.

#

찰스 슐츠: 지난달 여행길에 (제 아내) 지니와 저는 다이나쇼어 골프 토너먼트에 참가했습니다. 둘째 날인가 셋째 날 저녁에 뷔페가 마련되었더군요. 저희 부부가 음식을 가지고 둥근 식탁에 앉은 뒤 다들 돌아가면서 자기소개를 했습니다. 그러던 중 제 왼편에 앉은 나이 많은 여성 한 분이 말했죠. "찰스 슐츠라니, 좋은 이름이네요!" 저는 대답했죠. "그런가요? 그런 생각은 안 해 봤는데요." "그, 만화 그리는 양반하고 똑같은 이름 아녜요?" 그러면서 그분이 이렇게 말하더군요. "그 양반 죽었죠?"

문제가 더 심각해진 건 사흘 전, 『피너츠』의 저작권을 관리하는 유나이티드 미디어에서 온 사람들 몇 명이 샌타로자에 들렀을 때였죠. 우리는 모두 밖에 나가 저녁을 먹었습니다. 그런 후에 건물로 들어오자 경비원이 저를 부르더니 이렇게 말하는 겁니다. "드릴 말씀이 있어요. 지난밤에 아가씨 둘인가 셋인가가 저기서 언쟁하는 걸 들었는데요, 한 명이 당신이 죽었다고 하니까 다른 쪽이 '아냐, 안 죽었어!'라고 하더라고요." 흠, 제가 45년이나 그림을 그리긴 했습니다만, 전 아직 살아 있다고요!

(만화) 통신 학교인 (미니애폴리스의) 아트 인스트럭션 스쿨에서 일했던 때를 돌이켜 보면, 거기가 일을 시작하

기에 정말 적절한 장소였구나 싶습니다. 신문사 사무실과 비슷한 분위기였거든요. 교사들은 아주 똑똑했고 야심에 차 있었죠. 다들 패션 디자이너나 만화가, 화가가 되겠다는 나름의 욕심을 가지고 있었습니다. 초상화가인 월터 J. 윌워딩이 있었고, 지난 시대에 활동했던 만화가 프랭크 윙은 바로 제 앞자리에 앉아 있었죠. 프랭크는 뭔가를 그리려고 할 때는 실물을 먼저 따라 그려야 한다는 걸 가르쳐 준 사람입니다. 사물을 정확하게 그리지 못하면 그걸 만화로 그릴 수 없다는 걸 알려 주었죠. 어쨌든 그는 저에게 많은 것을 주었습니다. (『피너츠』) 코믹 스트립을 시작할 무렵, 저는 학교에서 일하는 걸 좋아했습니다. 아래층 창고에 가면 괜찮은 판지와 포장지를 쓸 수 있었거든요. 그리고 학교 사람들은 제가 교사 일을 그만둔 이후에도 거기에서 일할 수 있도록 공간을 제공해 주었습니다. 저는 아래층에서 판지를 가져와 반으로 접은 제 코믹 스트립을 포장해 작은 우편 취급소로 가져갔습니다. 이런 일을 몇 주 동안 했죠. 어느 날 아침 우편 취급소에 갔더니 (거기 직원이) 저와 우편물을 쳐다보면서 묻는 겁니다. "여기 매주 와서 우편물을 부치시는데, 여기 써 있는 '유나이티드 피처 신디케이트'라는 게 뭐죠?" 저는 그게 코믹 스트립을 판매하고 배급하는 일을 하는 신문 신디케이트라고 대답했습니다. "『딕 트레이시』처럼요?" 직원이 이렇게 묻길래 저는 대답했습니다. "음, 그렇죠. 『딕 트레이시』 같은 거예요." "그럼 당신의 캐딜랙 승용차는 어디 있어요?" 저는 캐딜랙을 갖고 있지 않다고 대답했고, 직원은 내가 뭘 그리는지 물었습니다. "석간신문에 연재되는 작은 코믹 스트립이에요. 아이 하나랑 그 애가 키우는 개가 나오는 이야기요." 저는 『피너츠』라는 제목을 싫어했기 때문에 절대 그 이름을 말하지 않았죠. 직원은 말했습니다. "아, 한번 읽어 볼게요." 그렇게 한 주가 흘러가고, 다음 코믹 스트립 분량을 완성해서 우편 취급소에 가져가 보내 달라고 하니 그 직원이 저를 보고 이렇게 말하더군요. "아, 어젯밤에 당신 만화 읽어 봤어요. 별로 특별한 구석은 없던데요."

이 사건이 떠오른 건 몇 주 전의 일 때문입니다. 저는 대체로 오후 4시까지 일합니다. 그 이상 앉아 있는 게 힘들거든요. 저는 항상 서점에 들러서 뭐가 새로 나왔는지 보는 걸 좋아합니다. 진입 차로를 빠져나가면서 저는 제가 그린 이번 주 코믹 스트립이 꽤 괜찮다는 생각을 하고 있었습니다. 솔직하게 말하자면 월요일부터 토요일까지 코믹 스트립을 그린 뒤 맞이하는 주말이면 예전과 똑같은 흥분을 느낍니다. 저는 꽤 쓸 만한 아이디어들을 생각해 냈고, 최선을 다해 그 아이디어들을 그렸다고 믿습니다. 그 코믹 스트립을 신디케이트에 보내고, 그러고 나면 또 한 번 해냈다는 생각에 기분이 좋아집니다. 예전에 미니애폴리스의 그 작은 우편 취급소로 향할 때도 똑같은 만족감을 느꼈기 때문입니다. 제가 완성한 괜찮은 코믹 스트립을 곧 포장해서 보낼 거고, 제가 최선을 다해 일했다는 걸 아는 그 기분을요.

저는 여전히 그런 느낌을 갖고 일하는데, 내년이면 그렇게 일한 지 45년 정도가 되는 모양입니다. 몇 년 전에 『시카고 트리뷴』의 한 칼럼에서는 제가 은퇴할 때가 되었다고 하더군요. 제 만화가 예전처럼 재밌지도 않고 제 코믹 스트립이 원래 의미와 다른 요소들을 모두 잃었다고요. 그러나 여러분께 확신을 가지고 말할 수 있는 것은 제가 요즘 열심히 일을 하고 있다는 겁니다. 정말로요. 저는 제가 완전히 만족할 수 없는 작품을 내보낸 적이 거의 없습니다. 저는 여전히 멋진 펜 선을 어떻게 그을 수 있을까 연구합니다. 라이너스가 서 있는 모습을 그릴 때는 라이너스의 뒷목 근처부터 그림을 그리기 시작합니다. 펜을 그어 내리면서 형태를 만드는 것, 펜 끝에서 잉크가 조금 번지는 것, 어느 지점까지 펜 선을 긋고 라이너스의 스웨터 문양을 그리기 위해 다른 방향으로 선을 그리는 것까지……. 만화란 이런 것입니다. 깊고 둥근 선의 느낌과 내가 그릴 수 있는 최고의 펜 선을 그리는 일 말입니다. 만화란 바로 이런 것입니다.

만화가가 되고 싶거나 혹은 자신이 만화가라고 믿는데 이렇게 완벽한 펜 선을 긋는 기쁨을 아직 발견하지 못했다면, 그 사람은 자기 자신에게서 만화 그리기의 가장 중요한 부분을 빼앗고 있는 것이나 다름없습니다. 만화는 그런 일이니까요! 멋진 펜 선을 그으면 그 선들은 생명을 얻습니다. 사람들이 코믹 스트립에서 가장 중요한 게 뭐냐고 물으면 저는 보기만 해도 즐거워야 한다는 점이라고 답합니다. 매일 반복하여 무언가를 그리는 일을 한다면, 만화 속 대사의 재미와는 상관없이 그저 보는 것만으로도 눈이 즐거운 것을 그려야 합니다. 그 만화를 집어 든 독자가 그림 그리기에 대해 전혀 아는 바가 없다고 할지라도 그 그림이 독자의 눈에 기꺼워야 합니다. 이 점은 대단히 중요합니다.

몇 년 전에 저는 가끔 세인트폴 미니애폴리스 일대에서 온 사람들과 모여 만화에 대한 이야기를 하곤 했습니다. 그리고 만화에 대해 쓴 몇몇 글에서 "잉크를 낭비하는 정신 나간 일"이라는 표현을 보았습니다. 만화를 그리는 일은 잉크를 낭비하는 정신 나간 일이 아닙니다. 만화를 그리는 일은 엄청나게 진지한 일입니다. 저는 항상 제 편집자들과 좋은 관계를 맺었습니다. 짐 프리먼과 일하기 시작해서 지금은 세라 길레스피와 함께하고 있죠. 세라는 제가 일한 편집자 가운데 최고입니다. 저는 언제나 영업 관리자나 영업 사원과도 좋은 관계를 유지했습니다. 절 아들처럼 대해 주었던 래리 러트먼부터 시작해서 신디케이트의 회장들과도 친하게 지냈습니다. 이제 우리 만화가 모두에게 이런 관계를 쌓는 것은 정말 중요합니다. 그렇다 해도 만화를 그리는 일은 잉크를 낭비하는 일이 아닙니다. 만화를 그리는 것은 엄청나게 중요한 일이라고요. (회사의) 저 위쪽에 있는 사람 중에는 만화가의 존재를 알지도 못하고 만화가에 대해 전혀 신경 쓰지 않는 사람들이 있습니다. 그러니 신중히 행동해야 합니다. 그들은 만화를 읽지도 않습니다. 만화가가 뭘 하는지에 대해 가장 관심 없는 사람들일 겁니다. 만화가가 하는 일에 신경을 써 주는 건 세라 길레스피입니다. (그리고 다른 사람들도 있죠.) '저 위쪽에' 있는 사람들이 누군지 저는 모릅니다. 다만 모든 조직의 저 위쪽에는 수수께끼 같은 사람들이 있게 마련입니다. 구단을 소유하고, 극장을 소유한 사람들 같은 부류죠. 극장을 소유한 사람은 배우에게 관심이 없습니다. 결과 같은 것만 신경 쓰죠. 이런 사람들을 경계해야 합니다. 나이가 들면 이런 것을 자연스레 알게 되는데, 흠, 저는 이걸 알게 되기까지 40년이 걸렸습니다.

제가 보기에 매일 만화를 그리는 데 가장 어려운 문제는, 제가 여기 서 있으니까 드리는 말씀입니다만, 시간을 관리하는 일입니다. 이 말씀도 같이 드려야 할 것 같은데, 만화를 그리는 일이 스트레스가 극심한 일이라 휴식을 취해야 한다는 말에 속아 넘어가지 마십시오. 일전에 저는 친구와 대화를 나누다가 이렇게 말했죠. "이봐, 만화가는 불만을 가질 게 없어. 우리가 인생에서 하고 싶었던 일을 하고 있잖아. 그 일을 할 기회를 마침내 잡았고, 살고 싶은 곳 어디에서도 살 수 있고, 일하고 싶을 때 언제든 일할 수 있지. 그리고 사람들이 우리에게 돈을 보내 준다고." 어쨌든 미국 만화가 협회에 가입하고 싶지 않다고 말하는 사람은 이해하기 어렵죠. 협회인이 아니라고요? 저도 협회인이 아닙니다. 어디에도 속해 있지 않죠. 그래도 우리에게는 모두 어떤 의무가 있습니다. 항상 크라이슬러의 도지 승용차를 끌고 다니며 만화가의 코믹 스트립을 팔고 다니는 영업 사원에게 말이죠. 5년 동안 "좋아요. 저를 5년 동안이나 따라다니셨는데, 한번 검토해 보죠"라고 말하는 편집자를 찾으려 애쓰는 사람에게도요. 저 밖에서 여러분의 만화를 팔고 다니는 영업 사원에게 빚을 지지 않으려면, 언제나 최고의 만화를 그려 보내도록 노력해야 할 겁니다.

저는 창작에서 가장 위험한 요소 한 가지를 발견하는 데 오랜 시간이 걸렸는데, 바로 창작하는 동안 찾아오는 슬럼프입니다. 이건 아이디어를 생각하는 능력의 문제가 아닙니다. 저는 아무것도 떠올리지 못하는 날이 하루를 넘긴 적이 없습니다. 그렇게 사는 방식을 체득한 거죠. 그런 날이면 저는 '사무실에 나오지 말았어야 했어'라고 생각하며 집으로 돌아와서도 작은 수첩을 들고 앉아 뭔가를 생각해 내려고 애를 씁니다. 그리고 아무것도 생각나지 않으면 계속 궁리하다가 잠이 들고 맙니다. 하지만 위험한 것은 자신이 그린 것에 판단력을 잃는 일입니다. 저는 이런 지경에 이른 만화를 많이 봤습니다. 유머와 아이디어가 형편없는 데다 전혀 재미가 있거나 재치 있는 아이디어도 아닌데 본인은 그런 판단을 할 수 없게 되는 거죠. 저는 한 번도 제가 그린 작품을 다른 사람에게 보여 주고 "어떻게 생각하세요?"라고 물은 적이 없습니다. 저는 아무도 믿지 않거든요. 제가 재미있거나 우습다고 보이면 그냥 보냅니다. 저는 저 자신을 만족시키고 싶을 뿐이니까요. 저는 특정한 독자를 만족시키려고 애쓴 적이 한 번도 없습니다. 그건 위험해요. 독자가 뭘 좋아하고 싫어할지를 예측하는 방법은 없습니다. 아마 알고 계시겠지만, 우리가 할 수 있는 일은 뭔가를 생각해 내고 그걸 보내는 것이죠. 저 또한 제가 사랑하는 코믹 스트립 작품의 '슬럼프 개그'를 계속 봐 왔습니다. 제게도 그런 것이 있다는 걸 압니다. 슬럼프 개그는 전혀 재미있지 않죠……. 만화가가 뭔가를 재미있다고 믿고 애써 만들었는데 사실은 그게 전혀 재미없다는 걸 모르는 거예요.

저는 긴 시간에 걸쳐 몇 가지를 배울 수 있었습니다. 제게 거슬리는 것 중 하나는 핵심 대사에 과잉 반응하는 캐릭터를 그리는 만화가입니다. 저는 만화의 '부드러운' 요소를 굳게 믿으며, 부드러운 캐리커처를 신봉합니다. 최근 몇 년 동안의 스타 만화가들을 살펴보면 누구도 엄격한 스타일의 캐리커처를 그리지 않았다는 것을 알 수 있습니다. 제가 언제나 사랑하는 몇 명의 작가를 보죠. 세상에서 가장 뛰어난 만화가인 로이 크레인! 퍼시 크로즈비는 가장 멋진 펜 선을 그릴 수 있는 사람입니다. 나이가 어려서 아직 퍼시 크로즈비의 그림을 공부해 본 적이 없다면, 밖에 나가 관련 서적을 찾아서 퍼시 크로즈비가 어떻게 그렸는지 보시면 좋겠습니다. 물론 앨 캐프와 그가 창조한 멋진 캐릭터들도 있지요. 이 만화가들은 모두 부드러운 형태의 캐리커처를 그렸습니다. 독자가 인물의 눈이 어디인지, 코가 어디서 시작하는지, 입이 어디에 있는지를 분간할 수 없다면 문제가 심각합니다. 그런 스타일로 그려진 캐릭터는 감정을 독자에게 보여 줄 수 없으니까요. 그러니 만화가는 독자들에게 눈과 코와 입이 어디인지를 제대로 보여 주어야 합니다. 연하장 같은 그림 스타일로도 어떻게든 만화를 그릴 수는 있지만, 우리는 연하장이 아니라 만화를 그립니다. 우리는 어떤 감정을 드러내는 사람들을 그립니다. 그래서 저는 부드러운 그림 스타일을 신봉합니다. 독자에게 캐릭터의 눈, 코, 입이 어디에 있는지 알려 주세요. 그리고 평소 온화하게 말하는 캐릭터라면 말할 때 지나치게 감정을 과장하지 않도록 해야 합니다. 캐릭터를 어떻게 반응시켜야 할지 모르겠다면 그걸 그냥 보여 주지 말고 캐릭터의 얼굴을 클로즈업해 그리는 게 낫습니다. 저는 만화에서 지나치게 과장한 표현을 좋아하지 않습니다.

일요판 만화에 대해 일전에 누군가가 끝에서 두 번째 칸부터 그리는 것이 나쁘지 않은 생각이라고 한 적이 있는데, 일요판 만화를 전부 그리고 나서 그게 영 별로라는 걸 깨닫는 건 끔찍한 일이죠. 어니 부시밀러가 그러곤 했다는 글을 읽은 적이 있습니다. 제가 혼자 습득한 방법이기도 하죠. 다들 이제 아시리라 봅니다만, 코믹 스트립을 전개시킬 때는 하나의 캐릭터를 중심으로 다른 캐릭터들을 배치해야 합니다. 모트 워커는 비틀 베일리를, 월트 켈리는 포고를 그런 캐릭터로 선택했죠. 그리고 대체로 그런 캐릭터는 온화한 성품의 소유자인 경우가 많습니다. 주인공은 좀 별난 점들이 있긴 하지만 코믹 스트립의 중심축을 담당하는 캐릭터로서 매우 중요한 존재입니다. 앨 캐프와 릴 애브너를 다시 들춰 보세요. 그리고 시간이 지날수록 더 진지하게 생각하게 되는 부분인데, 작품의 완급을 조절할 수 있도록 만화에 등장하는 캐릭터를 다양하게 구성해 두는 게 매우 중요합니다. 속도 조절은 아주 중요한 문제거든요. 그리고 우스꽝스러운 코믹 스트립을 그리면서 때때로 다소 진지한 소재를 쓰는 것이 중요하죠. 다행스럽게도 저는 스누피에게 뻔한 것들을 시킬 수 있습니다. 예를 들면 스누피는 자기의 글쓰기 능력이 훌륭하다고 생각하면서 글을 쓰지만, 사실 스누피의 글은 형편없습니다! 그런데 이렇게 글을 쓰는 캐릭터가 스누피가 아닌 다른 인물이었다면 별로 재미가 없었겠죠. 글을 쓰는 게 스누피라는 점이 이 아이디어의 핵심인 겁니다.

여기에 있는 우리는 모두 다릅니다. 당연히 자란 배경

도 다르고, 야심도 다릅니다. 저는 책을 많이 읽는 편이고, 여기저기서 조금씩 정보를 얻습니다. 그런 것들에서 때로는 멋진 아이디어를 얻을 수 있습니다. 아주 어두운 방에 들어가서 노루발풀 맛 라이프세이버 사탕을 우적우적 깨물면 사탕에서 빛이 번쩍인다는 걸 알고 계세요? 언제 한번 꼭 시험해 보세요. 스누피 분장을 하고 스케이트를 탄, 세계적으로 유명한 스케이트 선수 주디 슬래드키가 크리스마스에 저에게 알려 준 것입니다. 저는 "거짓말! 그럴 리가 없어!"라고 외쳤죠. 라이프세이버 사탕을 씹으며 아주 어두운 방에 들어가 봤지만, 그걸 번쩍이게 하는 데는 실패했고 제 이만 아팠습니다. 그렇게 해서 저는 세계적으로 유명한 여행 가이드가 된 스누피가 페퍼민트 패티와 마시를 데리고 숲에 들어갔다가 길을 잃는 이야기를 그렸습니다. 손전등이 없는 아이들은 길을 찾기 힘들어지자 라이프세이버 사탕을 씹으며 빠르게 길을 찾아 집에 돌아오죠. 숲 속을 걸으며 사탕 빛에 의지해 길을 찾았던 겁니다.

일요판 만화를 그릴 때 제가 맨 처음 하는 일은 피너츠 달력을 꺼내 그 만화가 언제 실리는지 확인하는 겁니다. 작년에는 재미있게도 만화가 실리는 날이 6월 6일이었습니다. 그 전해에는 디데이*에 대해 까맣게 잊고 있었으니, 작

---

*디데이는 일반적으로 작전 개시일을 가리키지만 여기서는 제2차 세계 대전에서 노르망디 상륙 작전이 시작된 1944년 6월 6일을 가리킨다.

년 그때 제 일요판 만화가 실리는 날이 그날이라는 걸 알아차린 것은 순전히 우연이었죠. 저는 커다란 칸 하나를 그렸습니다. 평소에는 전혀 쓰지 않는 형태였지요. 그 칸 안에 스누피가 오마하 해변에 착륙해서 물속에 잠복한 모습을 그렸어요. 에르빈 로멜이 연합군의 착륙을 저지하려고 바다에 던져 놓은 것들 사이에 스누피의 머리와 헬멧만 튀어나와 있는 광경을요. 그 그림 아래에 "1944년 6월 6일을 기억하자"라고만 썼습니다. 저는 전 세계 사람들로부터 멋진 독후감을 받았습니다. 그러고 나서 이제 올해가 디데이의 50주년이라는 걸 깨달았죠. 저는 1년 동안 더 성장한 겁니다! 저는 많은 사람을 실망시킬 수 없어서 한 해 내내 실제 착륙 장면 다음 디데이를 어떻게 그릴지 고민했습니다. 프랑스에서는 실제로 일흔 살 먹은 노인들이 다시 한번 비행기에서 뛰어내려 착륙하는 방식으로 축하 행사를 할 예정이라고 하더군요. 그리고 제가 어디서 읽은 게 있는데요. 흠, 이걸 아는 분이 얼마나 될지 궁금하네요. 사소하고 재밌는 질문 하나 하겠습니다. 에르빈 로멜의 아내 생일을 아는 분 있나요? 에르빈 로멜의 아내는 6월 6일에 태어났습니다! 물론 로멜은 그 사실을 알고 있었을 테고, 아내의 생일이 오기 몇 주 전부터 계속 진군해서 생일날에는 집에 갈

나의 일

219

생각이었죠. 로멜은 이미 파리에서 아내에게 줄 선물로 파
란 스웨이드 구두를 사 놓았고, 독일군의 분석을 참고하여
연합군이 아직 착륙할 준비가 되지 않았다고 판단했죠. 집
에 갈 시간이 있으리라 믿었습니다. 그래서 로멜은 아내의
생일에 집으로 떠났고, 로멜이 자리를 비운 그때 연합군이
착륙했던 겁니다! 침공하는 입장에서는 엄청나게 운이 좋
았던 거죠. 이건 꽤 좋은 아이디어긴 합니다만, 어떻게 이
걸 만화로 그릴 수 있을까요? 스누피가 이 이야기를 생각
하는 내용을 그릴 수는 있지만, 스누피는 말을 할 수가 없
다는 게 문제였죠. 스누피와 페퍼민트 패티를 함께 술집에
앉힐 수도 있을 것 같았습니다. 그런데 스누피가 로멜이 자
리를 비울 거라는 걸 패티에게 어떻게 말할 수 있죠? 이건
비밀이니까 아무에게도 말하지 말아 주세요. 음, 저는 스
누피가 마시에게 정보를 전하게 할 수도 있었지만 혹시 모
를 상황에 대비해 마시는 일단 놔두고 싶었습니다. 스누피
가 착륙한 뒤에 프랑스인 소녀 마시를 만날 수도 있으니까
요. 스누피는 언제나 그 프랑스인 소녀가 일하는 카페에 루
트비어를 마시러 가곤 하는데, 알고 보니 스누피가 간 곳은
작은 프렌치 카페가 아니라 마시의 부엌이고 거기서 루트
비어를 마시는 거죠. 그런데 마시의 어머니는 부엌에 개가

있으니 기분이 꽤 상할 겁니다. 그래서 이 아이디어도 쓰지 않았습니다. 몇 주 동안 계속 어떻게 할지를 생각했는데 어느 날 갑자기 이런 생각이 떠올랐습니다. 라이너스가 보고를 하게 하자! 그래서 라이너스가 교실에 서서 이렇게 말하는 장면으로 시작을 해 봤죠. "이 보고서는 디데이에 관한 것입니다." 라이너스는 침공군이 움직일 준비를 하고 있는 상태지만 술집에 앉아 있는 무명의 군인 스누피 외에는 아무도 그게 언제가 될지 모른다는 이야기를 합니다. 스누피는 갑작스레 로멜이 부인의 생일을 축하하기 위해 주둔지를 떠나 집에 갈 것이라는 쪽지를 발견합니다. 라이너스는 말합니다. "이 무명의 영웅은 뛰어가서 아이젠하워 장군에게 전화해서 말합니다. '내일 작전을 개시해야 합니다. 로멜이 부재중일 겁니다.'" 근데 어떻게 그걸 가능하게 할까요? 스누피는 여전히 말을 못하는걸요.

그래서 궁리 끝에 라이너스에게 이렇게 말하도록 했죠. "스누피가 뛰쳐나가서 아이젠하워 장군에게 전화를 걸 때, 그는 모스 부호로 정보를 전달했습니다." 마지막 칸에는 온통 빨간색으로 칠해진 낡은 영국식 공중전화 박스가 등장합니다. 그런데 그 안이 어떻게 생겼는지를 알 수가 없었어요. 그래서 저는 그냥 공중전화 박스만 그려 넣고 창문

안을 검게 칠했습니다. 마지막 칸에 보이는 것은 공중전화 박스 하나와 "멍!"이라고 적힌 말풍선뿐입니다.

스누피가 오마하 해변에 진짜로 착륙하는 부분까지, 저는 이 이야기를 평일판 만화 닷새 분량으로 연속해서 그렸습니다. "여기 세계적으로 유명한 미군이 파도를 뚫고 오마하 해변을 들썩이게 하고 있다네." 만화를 그리기 시작한 뒤 처음으로 저는 (음영을 넣는 데 쓰는 종이인) 크래프팅 더블스톤지를 사용했습니다. 그리고 세라 길레스피에게 전화해서 항상 이걸 쓰지는 않을 거라고 다짐했죠. 제가 그 종이를 쓴 이유는 파도 사이에서 진짜 물방울이 튀는 것처럼 표현하고 싶었기 때문입니다. 가로로 긴 직사각형 칸 안에 그렇게 그린 그림을 넣고, 마지막 작은 칸에는 마시가 전화하는 모습을 그렸습니다. "있잖아, 찰스, 너네 집 개가 우리 집에 와서 어린이용 풀장 안을 이리저리 뛰어다니고 있어." 저에게는 또 한 번 다른 캐릭터의 관점이 필요했고, 그래서 스누피가 상상으로 뭔가를 하는 모습을 그린 후에는 누군가 다른 칸에서 우리가 보는 것이 뭔지를 설명하게 했죠.

저는 코믹 스트립이 자신의 힘으로 살아남아야 한다고 생각합니다. 텔레비전과 너무 깊은 관계를 맺어서는 안 됩니다. 캐릭터가 텔레비전을 보는 장면은 그려야죠. 그건 그들의 삶의 일부니까요. 하지만 뭘 하건 텔레비전에서 유명해진 표현만은 쓰지 마십시오. 만화가는 자신만의 언어와 표현을 창조해야 합니다. 여러분이 만들어 내는 것은 텔레비전에 나오는 모든 것만큼 훌륭한 매체입니다. 실제 배우로는 찰리 브라운이 럭비공을 향해 달려오는데 공을 싹 치워 버리는 바람에 공중을 날아 뒤로 벌러덩 나자빠지는 장면을 만들어 낼 수 없습니다. 이런 일은 배우가 절대 할 수 없습니다.

우리는 만화라는 우리만의 매체를 벗어나지 말아야 합니다. 저는 텔레비전을 보는 것에, 그 화면에 비치는 것을 평가하는 행동에 너무 의존하지 말라는 말씀을 드리고 싶습니다. 『바틀릿의 명언록』에는 멋진 글귀가 많이 있습니다. 짧은 시구 같은 것인데요. 제가 좋아하는 인용구는 톨스토이 아니면 스콧 피츠제럴드가 한 말일 겁니다. 정확히 누가 말했는지는 모르겠네요. "영혼의 가장 깊은 밤은 언제나 새벽 3시다." 이런 게 만화 캐릭터에게 적용할 수 있는 아이디어죠.

그러면 이런 대사를 할 수 있는 캐릭터를 구축하는 지점으로 돌아가게 되죠. 과도하게 희화화된 캐릭터는 이런 대사를 할 수가 없습니다. 저는 침대에 누운 가엾은 찰리 브라운을 데리고 수많은 아이디어를 써먹었습니다. "밤에 깨어 있으면 가끔 '이 모든 게 다 그만한 가치가 있는 일들인가?' 하고 묻게 돼." 그러면 어떤 목소리가 말합니다. "뭐한테 말하는 거야?" 그리고 다른 목소리가 말합니다. "누구한테 말하는 거냐고 해야 맞지." 찰리 브라운이 말합니다. "내가 밤에 잠을 못 자는 게 당연하지."

"밤에 깨어 있으면 가끔 '내가 왜 여기 있지?'라고 묻게 돼." 그러자 목소리가 말합니다. "너는 어디에 있는데?" 찰리 브라운이 대답합니다. "여기." 목소리가 말합니다. "거기가 어딘데? 내가 볼 수 있게 손을 흔들어 봐." 찰리 브라운이 말합니다. "밤이 점점 길어지고 있군."

"밤에 깨어 있으면 가끔 '왜 나지?' 하고 묻게 돼." 그러면 목소리가 말하죠. "개인적인 감정이 있어서 그러는 건 아냐. 그냥 네 이름이 떠올랐거든."

제가 당초 예정했던 것보다 너무 길게 말한 것 같은데, 질문이 있으면 말씀해 주세요.

다음은 청중의 질문과 의견에 대한 찰스 슐츠의 답변이다.

#

은퇴에 관해: 저 두 여자분 말씀처럼 제가 은퇴하거나 죽어서 만화가 중단되면, 글쎄요, 제 변호사들과 아이들이 큰 회의를 열어야 할 겁니다. 아이들은 "그 누구도 아빠의 코믹 스트립을 그리지 말았으면 좋겠다"라고 하니, 그렇게 되겠죠.

#

'순수한 것을 위한 자리는 언제나 마련되어 있다'라는 그의 발언에 관해: 저는 살아오면서 조금이라도 공격적이거나 불쾌해 보이는 행동을 한 번도 한 적이 없어요. 제 코믹 스트립에는 소화전도 변기도 나오지 않고요. 순수한 것을 위한 시장은 존재합니다. 저는 오래전 저와 함께 텔레비전 방송을 시작할 무렵에 리 멘델슨에게 이 말을 했죠. 깨끗하고 품위 있는 것들을 위한 시장은 아직 있다고요.

#

『피너츠』애니메이션이 어떻게 만들어졌는가에 관해: 코카콜라에 다니는 어떤 사람이 리 멘델슨에게 전화를 걸어서 이렇게 물었어요. "저희가 지금 크리스마스용 방송을 어떻게 만들지 고민하고 있는데요, 혹시 쓸 만한 아이디어 좀 갖고 계신가요?" 리가 대답했죠. "있는 것 같아요." 그래서 빌(멜렌데즈)과 저는 하룻밤 같이 일하면서 크리스마스 이야기를 썼습니다. 이야기를 어떻게 전개시킬지 정하기 위해 대화를 나누면서 제가 말했죠. "맙소사, 빌. 크리스마스 이야기를 만들려면 아기 예수가 나오는 유명한 구절을 쓰는 수밖에 없어." 그리고 우리는 그 구절을 애니메이션에 썼습니다. 라이너스가 무대에 나와서 "조명 좀 주시겠어요?"라고 말한 뒤에 아름다운 성서 구절을 암송하게 했어요. 이때까지 이런 걸 한 사람은 아무도 없었는데, 저희가 해낸 거죠.

#

만화 캐릭터 상품 판매에 관해: 저는 빌 (워터슨)*을 모릅

---

*『피너츠』와 더불어 미국인들에게 가장 사랑받은 코믹 스트립『캘빈 앤 홉스』의 작가.

니다. 한 번도 같이 이야기해 본 적이 없어요. 빌의 책 한 권에 서문을 쓴 적은 있지만 실제로 만난 적은 없습니다. 제가 아까 말한 것처럼 저희는 모두 다른 사람이고, 저는 코믹 스트립 작가가 되는 꿈을 갖고 살아온 사람입니다. 저작권이나 그 비슷한 것에 대해서는 생각해 본 적이 없었죠. 그러던 어느 날 차를 타고 길을 지나가다가 어떤 트럭을 봤는데, 요세미티 샘*의 그림을 뒤에 붙여 놨더라고요. 그걸 보고 생각했죠. '사람들은 만화 캐릭터를 좋아하는구나. 이 트럭 주인은 요세미티 샘을 트럭에 붙일 정도로 사랑하는 거야.' 거기에 무슨 문제가 있겠어요? 사람들은 커피잔이나 이런저런 물건들을 좋아하는걸요. 텔레비전에 캐릭터를 넣었다가 끔찍한 결과가 나올 때도 있죠. 하지만 (잘) 해낼 수도 있어요. 『찰리 브라운, 너는 좋은 애야』는 미국 공연 역사상 가장 많이 상연된 뮤지컬이 되었습니다. 우리가 제대로 만들었기 때문이죠. 그런 현상에는 아무 문제가 없어요. 게다가 전 제가 진정한 예술가라고 여기지도 않아요. 저도 앤드루 와이어스나 피카소가 되고 싶긴 하죠……. 하지만 전 그림도 꽤 그리는 편이고, 글도 꽤 쓸 줄 알고, 제게 주어진 능력을 최대한 발휘하며 살아가고 있어요. 여기서 뭘 더 바라겠어요?

---

* 만화 『루니툰』에서 벅스 버니를 쫓는 카우보이 캐릭터.

(우리는) 상품을 만듭니다. 우리는 신문 편집자가 신문을 많이 팔 수 있도록 돕지요. 제가 하는 일이 그렇게 대단하다고는 보지 않아요……. 20년 전에 앨 캐프는 『플레이보이』와의 인터뷰에서 이렇게 말했습니다. "『피너츠』는 끝날 때가 오고 있어요……. 어른처럼 말하는 꼬마들에 관한 이야기인데 이 꼬마들은 진짜 어른처럼 말하지 않아요. 어른은 절대 그런 식으로 말하지 않거든요!" 뭐, 그건 20년 전 일이고, 저는 그 이후로 1,500종류의 신문에 『피너츠』를 더 연재하게 됐죠.

1994년 5월 14일의 연설.

드로잉 토크*의 즐거움

대체로 나는 드로잉 토크를 아주 좋아하는 편이 아니다. 드로잉 토크 공연을 실제로 하는 동안은 즐겁지만, 모든 게 끝나고 그림 도구를 차에 실은 후에는 불현듯 집으로 돌아가는 길고 외로운 길에 선 나를 발견하게 된다. 그러면 나는 스스로 묻는다. "대체 내가 이걸 왜 하는 거지?"

음, 잠시 '왜'에 관해 이야기해 보도록 하자. 첫 번째 이유이자 가장 중요한 것은, 내가 너무나 좋아하는 일을 생계 수단으로 삼은 것에 감사하는 나의 마음일 거다. 드로잉 토크는 어떤 점에서는 내가 받은 굉장한 선물을 독자들에게 돌려주는 방법 중 하나인 것처럼 느껴진다. 또 프로그램 진행자를 잠시 동안 쉬게 해 주는 좋은 방법이기도 하다. 특히 그가 내 친구일 때는 더 좋다. 하지만 드로잉 토크는 쉽지 않다. 무슨 짓을 해 봐도 관중석에는 쇼가 진행되는 시간 내내 가만히 앉아만 있는 관객이 있기 마련이다. 내가 거기 서서 온갖 우스꽝스러운 그림을 그리고 모두를 웃기려고 최선을 다하는 동안 그 한 명의 관객이 저편에 앉아서

---

* 참가자들이 즉석에서 그림을 그리며 진행하는 쇼.

아무 관심도 보이지 않을 때 대체로 나는 '왜' 여기 오기로 했을까를 고민하게 된다.

　나는 커다란 이젤에 종이를 놓고 검은 크레용을 써서 드로잉 토크를 하는 걸 좋아하며, 마이크를 칠판 한구석에 놓아 두었다가 그림을 다 그린 후에 좀 떨어진 곳에 서서 다시 마이크를 들고 그림 이야기를 한다. 관객과 접촉할 수 없을 정도로 너무 공간이 넓은 홀에서 만찬을 먹은 뒤에 이야기하는 것은 싫다. 드로잉 토크 행사만을 위해 일부러 찾아와 가까운 곳에 앉은 관객과 함께 있는 편이 더 좋다. 남성 사중창단이나 마술사, 복화술사 공연을 한 뒤에 공연을 하게 되는 것도 별로다. 그들의 공연이 관객의 마음을 흔든 뒤에는 내가 찰리 브라운의 문젯거리를 조용히 이야기해 봤자 실망스럽기만 할 테니까.

　경험에 따르면, 공연을 시작하기에 가장 좋은 그림은 큰 야구 모자를 쓰고 거대한 글러브를 끼고 있는 찰리 브라운의 모습이다. 이 형태는 내가 1949년에 『새터데이 이브닝 포스트』에 팔았던 개그 만화를 변형한 것이다. 찰리 브라운의 문제들을 늘어놓은 뒤에 나는 이렇게 마무리를 한다. "찰리 브라운은 많은 패배를 겪지만 그래도 자신이 팀에서 가장 중요한 위치를 맡고 있다고 믿습니다. 여기 서서 공이 하수구로 굴러가진 않는지 지켜보고 있으니까요!"

이 부분의 백미는 '하수구'라는 단어를 내가 마침내 입에 담기 전까지는 아무도 내가 찰리 브라운 뒤에 뭘 그려 놓았는지 모른다는 점에 있다. 찰리 브라운의 머리를 그리기 시작할 때쯤에 이미 나는 그날의 저녁이나 오후의 드로잉 토크 공연이 어떤 방향으로 흘러갈지를 대체로 꽤 정확하게 예측할 수 있다. 관객 사이에 낄낄거리는 소리가 퍼져 나가기 시작하면, 나는 이 공연이 성공할 거고 관객과 즐거운 시간을 보낼 거라는 사실을 알게 된다. 내가 드로잉 토크를 진행하는 방식은 찰리 브라운으로 운을 뗀 후에 『피너츠』에 등장하는 각각의 캐릭터를 그려 나가는 것이다. 그런 뒤에는 캐릭터의 성격에 관해 짧은 이야기를 한다. 그러고 나서는 질문과 대답을 나누는 시간을 가져도 좋다. 질문에 대답하는 것은 재미있기도 하고 말하기 속도를 조절하기도 좋기 때문이다. 여기 소개한 그림은 실제 드로잉 토크 관객 앞에서 내가 검은 크레용으로 그리는 그림과 똑같은 것이다. 나는 한 번도 연필로 밑그림을 그려 본 적이 없다.

찰스 슐츠, 제목 미상의 미출간 원고.

나의 예술

* 미국 남북 전쟁 때 북부군 사이에서 불렸던 노래 「전투 직전에, 어머니」의 가사.

『피너츠』의 주제

『피너츠』의 초기 주제는 아이들이 가지고 있는 잔인성에 바탕을 두었다. 나는 놀이터 바깥에서 일어난 다툼들을 너무나 생생하게 기억하고 있다. 어른들은 자라나면서 그 다툼으로부터 멀어지고 또 그와 관련된 기억을 잊기도 하는 것 같다. 그렇게 자신을 보호하는 방법을 익히는 것이다. 요즘에는 어린이 스포츠가 제대로 자리 잡아서 잘 모르겠지만 예전에는 작은 아이들이 놀이터에서 무슨 공놀이라도 할라치면 나이 많고 덩치 큰 아이들이 방해하고 괴롭히는 일이 비일비재했다. 나는 언제나 아이들을 괴롭히는 행동을 경멸했다. 어떤 이는 내가 『피너츠』에서 정신적으로 아이들을 너무 많이 괴롭힌다고도 하지만, 나는 의식적으로 그런 것들로부터 거리를 두려고 노력한다.

1950년 가을부터 연재를 시작한 이후 『피너츠』 캐릭터들도 바뀌어 갔다. 경박한 꼬마였던 찰리 브라운은 곧 지금의 우리에게 익숙한 패배자의 모습으로 변모했다. 찰리 브라운은 발전시켜야 할 인물의 전형이었다. 전형성은 진실로 코믹 스트립의 근간이다. 사실, 그것은 연속성을 가진 모든 엔터테인먼트의 근간일 것이다. 찰리 브라운의 캐릭터가 발전하면서, 루시, 슈로더, 라이너스 같은 캐릭터들도 변화를 겪었다. 스누피는 가장 느리게 발전한 캐릭터이다. 스누피가 마침내 두 발로 걷게 되자 그는 작품을 이끄는 캐릭터가 되었다. 스누피에게 이 만화를 뺏기지 않기란 정말 어려운 일이다.

등장인물들의 기원은 다양한데, 그중 찰리 브라운은 '평범한 사람'이라고 불리는 존재를 대표한다. 어렸을 때 나는 내 얼굴이 너무 평범해서 사람들이 나를 항상 보는 곳이 아닌 새로운 장소에서 만나면 알아보지 못할 거라고 믿었다. 세인트폴 시내에서 어머니와 쇼핑을 하다 마주친 학교 친구나 선생님이 나를 알아보면 나는 진심으로 놀랐다. 나는 내 평범한 외모 뒤에 완벽하게 숨어 지낼 수 있다고 믿었던 것이다. 이런 다소 이상한 생각이 찰리 브라운의 둥글고 평범한 얼굴의 밑바탕이 되었다. 라이너스는 내가 어느 날 그린, 지금의 모습과 비슷한 얼굴에서 탄생했다. 나는 흐트러진 머리를 한번 그려 보고 싶어서 그린 그림을 아트 인스트럭션 스쿨에서 내 자리 가까이에 앉은 친구에게 보여 주었다. 라이너스 모러라는 그 친구는 그 그림을 꽤 재미있어했고, 우리는 코믹 스트립에 이 새로운 캐릭터를 넣으면 좋겠다고 의견의 일치를 보았다. 이 캐릭터에는 라이너스라는 이름을 붙이는 게 맞을 것 같았다. 라이너스는 루시의 남동생으로 딱 맞는 캐릭터이기도 했다. 루시는 이미 2년 넘게 코믹 스트립에 등장하고 있었고 나는 루시의 수다스러운 성격을 발전시켜 가던 차였다. 우리 부부는 맏딸 메러디스를 어렸을 때 수다쟁이라고 불렀는데, 나는 이 별명을 루시에게 주었다. 슈로더는 내가 세인트폴의 하이랜드 파크 골프 코스에서 캐디를 할 때 손님으로 왔던 젊은이의 이름을 땄다. 슈로더라는 성밖에 기억나지 않지만, 지금처럼 그가 위대한 음악가가 되기 전이었음에도 그 이름은 코믹 스트립에 나오는 캐릭터의 이름에 딱 맞는 것 같았다.

『피너츠』를 그리기 시작한 지 10년도 넘게 지난 어느 날 밤에 꿈을 꾸었다. 꿈속에서 나는 멕시코식 이름과 스웨덴식 이름을 섞은 새로운 캐릭터를 만들었다. 대체 내가 왜 그런 꿈을 꾸었는지, 어떻게 호세 페터슨이라는 이름을 만들게 되었는지는 수수께끼다. 꿈속의 난장판 같은 일들은 잠에서 깬 뒤에 생각해 보면 대부분 전혀 재미있지 않은 법이다. 그러나 이 꿈은 좋은 아이디어 같았으므로 나는 호세 페터슨이 동네로 이사 오는 이야기를 그렸다. 그 뒤로 호세

나의 예술

237

는 이웃에 머물면서 대체로 페퍼민트 패티의 야구팀에서 야구를 하고 있다.

패티는 만화에 넣기 좋은 캐릭터다. 패티를 주인공으로 한 다른 코믹 스트립을 만들 수도 있을 것 같다. 패티의 이름은 우리 집 거실에 놓인 사탕 접시를 보고 떠올린 것이다. 당시 나는 『피너츠』와는 전혀 다른 어린이책 시리즈를 쓰려고 했다. 그러나 너무 바쁜 일정 때문에 그 일에는 착수도 못 한 채 거의 1년이 지나가 버리자, 다른 사람이 이 이름을 써 버리기 전에 내가 써먹어야겠다고 결단을 내렸다. 그래서 그 이름에 걸맞은 캐릭터를 만들었고, 그렇게 페퍼민트 패티가 탄생했다. 항상 패티를 '선생님'이라고 부르는 패티의 작은 친구 마시 또한 코믹 스트립에 등장시키기 좋은 캐릭터다.

내가 항상 굳게 믿는 것은, 작가는 그가 원하는 대로 움직이는 캐릭터가 아니라 스스로 지닌 특징과 성격에 따라 작가에게 아이디어를 제공할 수 있는 캐릭터를 골라 만화에 출연시켜야 한다는 것이다. 캐릭터는 만화 속에 머물며 독자 앞에 가장 빈번히 모습을 드러내는 요소이다. 캐릭터의 개성이 두드러질수록 그 만화는 좋아지고, 독자도 캐릭터가 실재하는 것처럼 만화에 반응할 수 있다.

재미있는 점은 인기 있는 코믹 스트립 작품에 등장하는 주인공이 대체로 비슷한 성격이라는 것이다. 일반 독자가 공감하는 주인공은 다소 온화한 성격을 지녔으면서 때때로 속기도 하며, 항상 밝지만은 않은 인물이다. 이런 성품을 가진 사람이 가장 사랑받기 쉬운 모양이다. 진짜로 그런지는 모르겠다. 조연 캐릭터들에게 아주 뚜렷한 성격을 부여하는 것도 이야기를 조절하기 쉽게 해 준다. '중립적인' 성격의 캐릭터가 있으면 나머지 캐릭터를 모아 놓기 쉽다. 나는 결과적으로 『피너츠』의 거의 모든 이야기에서 찰리 브라운에게 중심 역할을 주었다. 다른 캐릭터에게 무슨 일이 생기든 마지막에는 어찌어찌해서 찰리 브라운이 사건에 관여하게 되고, 대체로 한 친구에게 재앙을 불러오는 역할을 맡거나 자신이 타격을 받는다. 찰리 브라운은 평균적인 사람의 초상이므로 고난을 겪는 캐릭터가 되어야 한다. 대부분의 사람은 승리보다 패배에 훨씬 더 익숙하기 때문이다. 승리는 멋진 것이지만 재미있지는 않다. 행복한 승자가 한 사람 있다면 그 주변에는 재미있는 이야기를 읽으며 자신을 위로하는 수많은 패배자가 있을 것이다.

　　스누피의 모습과 성격은 아마도 그 어떤 캐릭터보다 더 많이 바뀌었을 것이다. 내 그림 스타일이 부드러워지면서 스누피는 많은 것을 할 수 있게 되었다. 스누피가 공상으로 수많은 영웅적 인물이 되는 이야기 형식을 마침내 만들어 냈을 때 『피너츠』는 완전히 새로운 차원에 진입하게 되었다. 나는 동네 개들이 주인인 아이들보다 더 똑똑한 게 아닐까 싶은 광경을 봐 왔다. 개들은 아이들의 바보 같은 행동을 참아 주는 것 같기도 하고 머리도 무척 좋아 보인다. 초기 스누피의 모습은 이런 관찰에 기반을 두었다. 스누피는 주인이 던진 막대를 쫓아가서 물어 오는 것 같은 평범한 행동을 하기 싫어하며, 학교에서 돌아온 주인을 반갑게 맞이하는 충성스러운 역할을 맡는 것도 거부한다. 최근에는 스누피가 주인의 이름조차 기억하지 못하고 그저 '얼굴이 동그란 애'라고만 생각하는 익살스러운 장면을 써먹고 있다.

만화가가 가장 자주 듣는 질문은 "어디서 아이디어를 얻나요?"인 것 같다. 『피너츠』를 25년 동안 그리면서 나는 창조성과 아이디어를 생각하는 방식에 대해 꽤 많은 것을 배웠다. 여전히 알 수 없는 것도 있다. 어디서 그 짧은 문장이 오는지, 왜 어떤 날은 하루에 아이디어 열 가지도 떠올리는데 어떤 날은 하나도 떠올릴 수 없는지 수수께끼다. 그냥 그 모든 아이디어가 어디서 왔는지 내가 아는 바가 없다고 말하는 편이 나을 것 같다. "작가님의 철학을 제가 정말 존경한다는 걸 알아 주셨으면 해서요"라고 내게 말하는 사람들에게도 비슷한 답변을 할 수 있을 것이다. 이런 말은 나를 당혹스럽게 만드는데, 정말로 나는 그 말이 무슨 뜻인지 이해할 수 없기 때문이다. 이런 때 내가 할 수 있는 말은 "고마워요"뿐이지만, 나는 항상 그들이 정말 존경하는 게 뭔지에 대해 대화를 좀 나눠 보고 싶은 충동을 느낀다.

내 아이디어 중 일부는 과거의 기억에 기대고 있다. 내 만화에는 영화표를 사려고 줄을 선 아이들이 많이 나오는데, 토요일 오후의 세인트폴 파크 극장에 대한 생생한 기억에서 비롯된 것이다. 토요일 오후에 연속 상영하는 영화를 보려는 우리를 막을 수 있는 것은 아무것도 없었다. 하루는 그 극장에서 선착순으로 관객 500명에게 버터핑거 캔디바를 공짜로 주겠다고 선전했다. 나는 501번째로 줄을 섰던 게 분명하다. 내가 매표 창구로 다가가자 남자 매표원이 "미안하다. 이제 다 떨어졌어"라고 말한 걸 보면 말이다. 40년 후에 나는 찰리 브라운이 그와 똑같은 일을 겪게 만들었다. 다른 일요판 만화 하나는 그 극장의 모습 자체에서 아이디어를 얻었다. 만화에서 찰리 브라운은 나이를 먹으면서 변하는 것들을 이야기한다. 찰리 브라운의 아버지는 당연하게도 나 자신의 기억을 반영하는 역할을 하는데, 만화에서 그는 어린 시절에 영화를 보았던 극장이 시간이 지남에 따라 계속 작아졌다는 이야기를 아들에게 한다. 어릴 때 살았던 집을 방문할 때도 이와 비슷한 현상을 경험할 수 있다. 아주 크다고 생각했던 마당이 우스꽝스러울 정도로 작다는 사실을 깨닫는 것이다. 찰리 브라운의 아버지는 또 다른 장면에서도 내 기억을 사용한다. 그가 한때 알았던 아담하고 사랑스러운 여인을 회고하는 장면이다. 그가 문이 두 개 달린 1934년형 검은색 세단을 타고 여자를 데리러 갔을 때, 여자는 그가 차 운전석으로 돌아가기 전에 먼저 차에 올라타 차문을 잠가 버린 후 좌석에 앉아 그를 향해 활짝 웃어 보인다. 이런 것들은 갓 시작한 연애를 즐겁게 만드는 사소한 장난 중 하나다. 페퍼민트 패티는 이런 것들을 이해하지 못하지만 찰리 브라운은 본능적으로 그런 순간들이 소중하다는 것을 안다. 찰리 브라운은 안도감이라는 감정을 부모님의 차 뒷좌석에서 잠을 잘 때의 기분이라고 정의하기도 한다. 이 또한 내 어린 시절의 기억에서 온 것이다. 많은 독자가 늦은 밤 집에 돌아오는 차 안에서 잠들며 완벽한 안도감을 느꼈던 멋진 순간을 떠올릴 수 있었다고 내게 알려 줌으로써 안도감에 대한 나의 정의를 지지해 주었다. 사람은 훗날에야 이와 같은 일이 다시는 일어나지 않으리라는 것을 깨닫고 사무치는 아픔을 느끼기 마련이다. 어른이란 영원히 앞 좌석에 앉아야 할 운명이다.

인생에서 우리가 경험할 수 있는 가장 큰 패배의 경험이란 아마 사랑하는 이에게 거절당했는데 그가 곧바로 다른 상대를 만나 결혼하는 것을 보는 것일 테다. 이런 패배를 완전히 극복하는 것은 불가능하다. 찰리 브라운의 패배는 물론 만화로 희화화된 것이다. 어떤 사람도 찰리 브라운처럼 끊임없이 고통받지는 않는다. 찰리 브라운은 만화의 세계에 사는 존재라서 그럴 수 있다.

나는 한 소녀에 대한 기억들을 각색하여 찰리 브라운의 수많은 패배를 만들었다. 찰리 브라운이 자신과 가족들이 관련된 일화를 이야기하는 장면이 있다. 찰리 브라운의 아버지와 한 여인이 소풍을 갔다가 영화를 보러 가는 아름다운 하루를 보낸다. 아버지는 찰리 브라운에게 그 영화가 매우 인상적이었고, 그 후에 다른 영화에서 앤 백스터를 볼 때마다 사랑하는 여자와 함께 보냈던 그 멋진 날의 기억이 떠오른다고 말한다. 그런데 친구에게 이 이야기를 하자 친구는 말한다. "뭐? 하지만 그 영화에는 앤 백스터가 아니라 수전 헤이워드가 나오는데?" 나의 실제 기억은 가상의 캐릭터인 찰리 브라운의 아버지가 지닌 기억과 이렇게 섞인다. 몇 년 동안 나는 심야 프로그램이나 영화에서 앤 백스터를 보는 것만으로도 우울해졌다. 그날의 기억이, 그 저녁의 기억과 패배의 기억이 떠올랐기 때문이다. 그러다가 누군가가 긴 세월 동안 잘못된 기억으로 내가 우울해했다는 걸 알려 줬을 때는 꽤 큰 충격을 받았다.

인생은 돌이킬 수 없는 많은 일로 이루어져 있다. 자신만의 방식으로 만화를 이해하는 독자의 존재야말로 만화가의 아이디어를 성공적으로 완성하는 것 같다. 나는 책상 서랍 한 칸에 아이디어를 간략하게 적은 작은 쪽지들을 넣어 둔다. 언젠가 그 아이디어를 조합해서 만화 소재로 쓸 날이 오길 바라면서 말이다. 내가 그린 가장 인기 있는 에피소드는 거의 1년 동안 궁리했던 아이디어였는데, 만화의 원본을 요청하거나 재판을 부탁하는 연락을 엄청나게 많이 받았다. 이것은 내 큰아들 몬티가 고등학교 미술 수업에서 옷걸이로 공작을 하는 과제를 하면서 시작되었다. 몬티는 학교에서 집까지 차를 타고 돌아오던 어느 날 밤에 내게 그 과제 이야기를 하면서, 옷걸이를 야구 투수 모양으로 만들 거라고 했다. 좋은 생각 같았고 결과물이 어떨지 정말 궁금했다. 몇 주가 지난 뒤에야 몬티에게 다시 그 과제 이야기를 들을 수 있었는데, 미술 선생님이 몬티가 낸 과제물에 대한 점수로 C를 주었다고 했다. 나는 이 말을 듣고 마음이 너무 좋지 않았던 걸 기억한다. 이런 과제에 어떻게 점수를 매길 수 있는지 이해할 수 없었다. 몇 달 동안 이 일에 대해 생각하다가 마침내 나는 이 이야기를 일요판 만화에 그려 넣기에 이르렀다. 만화에서 샐리는 자신의 옷걸이 작품이 몬티와 똑같은 점수를 받자 분개한다. 나도 몬티의 선생님에게 샐리와 같은 질문을 하고 싶다. 그 선생님은 공작물을 예술 작품으로 평가한 것일까? 그렇다면 그 평가에 어떤 기준을 사용한 걸까? 선생님은 그 예술 작품을 창작하는 개인의 능력을 채점한 걸까? 그런 기준이라면 학생들이 어떻게 선천적인 재능의 차이를 극복하겠는가? 학생이 프로젝트에서 뭘 배웠는지를 기준으로 학생을 평가한 걸까? 그렇다면 교사는 그렇게 등급을 나누어 성적을 매겨서는 안 되는 게 아닐까? 이런 생각을 전달하는 데에는 샐리를 쓰기 좋다. 샐리는 분노를 잘 표출하고, 학교에서 겪는 모든 사건들에 혼란을 느끼는 캐릭터이기 때문이다.

이렇게 쓸 수 있는 캐릭터를 만들어 놓는 것이 코믹 스트립을 그리는 비법 중 하나다. 극단에서 출연 배우를 정하는 것과 비슷한 일이다. 필요한 역할이 무엇이든 그걸 연기할 수 있는 배우를 확보하고 있어야 한다. 코믹 스트립은 다양한 성격의 캐릭터들을 확보하고 있어야 한다. 그래야 똑같은 소리만 내는 악기가 되지 않을 수 있다. 만화가는 전체 건반을 모두 가지고 있어야 하고, 그것을 통해 매일 필요한 주제로 변주할 수 있어야 한다. 18년이라는 세월 동안 루시는 해마다 찰리 브라운에게 럭비공을 차라고 하고는 그 공을 휙 치워 버리는 짓을 했다. 이 연례 만화를 완성할 때마다 나는 다음에는 다른 이야기를 절대 만들지 못하리라 확신하지만, 여태껏 새로운 결말을 지어 오고 있다(지난 3~4년간 이걸 계속할 수 있었던 건 캘리포니아 전 주지사인 로널드 레이건이 언젠가 내게 이 에피소드를 가장 좋아한다고 말한 탓일지도 모른다. 나는 누군가가 뭔가를 가장 좋아한다는 말을 들으면 쉽게 우쭐해져서 그걸 계속하려고 하는 사람이다). 물론 이 이야기는 킥오프를 보며 그 공을 다른 방향으로 밀어 버리고 싶은 유혹이 샘솟았던 어릴 때 기억에서 시작된 것이다. 다들 그걸 해 봤을 거고 당해도 봤을 거다. 사실 미네소타 대학교에서 열린 대학 축구 경기에서 실제로 그런 일이 벌어지는 걸 봤다고 말해 준 프로 미식축구 선수도 있었다. 고퍼스 팀이 꽤 유리한 고지에서 경기를 주도하고 있을 때였고 모두가 즐겁게 경기를 관람하고 있었는데, 공을 들고 있던 남자가 마치 옆집에 사는 꼬맹이처럼 그 공을 밀어 버리고 싶은 유혹을 억누르지 못했던 것이다. 나도 그걸 봤더라면 좋았을 텐데.

나는 연날리기를 잘해 본 적이 한 번도 없다. 그에 대한 변명으로 내가 살던 지역에는 연을 날리기에 적합한 곳이 없었다는 핑계를 대겠다. 어렸을 때 나는 나무와 전신줄이 너무 많은 동네에 살았다. 찰리 브라운이 연을 날릴 때 겪는 어려움을 그리는 데는 연 날리기 어려웠던 나의 경험과 기억이 한몫했다. 내 아이들과 연을 날리려고 애쓸 나이가 되자 나는 내가 과거와 똑같은 문제에 부딪혔다는 걸 깨달았다. 나는 키가 큰 나무에 걸려 놓쳐 버린 연이 몇 주에 걸쳐 서서히 사라지는 것을 지켜보았다. 분명 그 연은 어딘가로 날아갔을 테지만, 내게는 나무가 그 연을 먹은 것처럼 보였다. 이렇게 나는 찰리 브라운과 그가 사는 동네에 있는 '연 먹는 나무'의 피 튀기는 전투 연작을 만들게 되었다.

나는 딸 에이미의 열다섯 번째 생일에 장미 열두 송이를 딸에게 주면서 말했다. 너는 곧 예쁜 아가씨가 될 거고, 그러면 너를 찾아오는 남자아이들이 있을 텐데 그 아이들은 아마 너에게 선물을 가져올 거라고. 나는 딸에게 내가 딸의 인생에서 처음으로 열두 송이의 장미를 주는 사람이 되고 싶다고 말했다. 나는 이 경험을 토대로 일요판 만화에 페퍼민트 패티가 생일 선물로 아버지에게 장미를 받는 내용을 그렸다. 또 몇 년 동안 나는 내 막내딸 질을 '귀한 보석'이라고 불렀기에, 두 딸에 대한 이야기를 합쳐서 매우 감성적인 에피소드를 그려 냈다. 이 만화의 마지막 부분에서 패티는 말한다. "갑자기 내가 엄청 여성스러워진 기분이 들어."

슈로더와 장난감 피아노에 관련된 아이디어는 음악에 대한 오랜 관심이 없었더라면 탄생하지 않았을지도 모른다. 음악에 대한 내 흥미는 아트 인스트럭션 스쿨의 친구 몇 명 덕에 계속 유지될 수 있었다. 우리 모두는 클래식 음반을 모았던 까닭에, 종종 저녁에 모여 열띠게 하트 게임을 하면서 함께 음악을 듣고 음반을 공유하곤 했다. 나는 한동안 슈트라우스의 왈츠곡들에 사로잡혀 있었는데, 베토벤 교향곡 2번 음반을 산 이후로 음악의 신세계를 경험했다.

우리 부부가 맏딸 메러디스를 위해 산 장난감 피아노는 결국 슈로더가 매일 연습에 쓰는 피아노가 되었다. 베토벤 교향곡 9번이 인쇄된 부분을 보고, 나는 슈로더가 이 위대한 작곡가에게 존경심을 드러내는 에피소드와 관련하여 많은 아이디어를 얻었다. 나는 이런 질문을 많이 받는다. "왜 베토벤이죠?" 그냥 그 이름이 재밌기 때문이라는 게 내 대답이다. 다른 것보다 써먹기 좋은 단어나 이름이 있는데,

슈로더가 숭배하는 게 베토벤이 아닌 브람스였다면 지금의 절반만큼도 재미가 없었을 거다. 그리고 나처럼 전문적인 지식이 없는 대부분의 사람들은 베토벤과 렘브란트, 셰익스피어를 음악과 미술, 문학에서 가장 위대한 인물로 여긴다는 현실적인 인식도 한몫했다. 나는 베토벤 전기를 몇 권 읽어 보았다. 이상하게도 화가의 삶보다 작곡가의 삶에 마음이 끌렸다. 슈로더가 신경을 쓰는 다른 문제들도 이 전기들을 읽고 떠올린 것이다. 나는 아주 오래도록 "로브코비츠*가 연금 지급을 중지했다"라는 문장을 아주 재미있어했고 그걸 써먹을 수 있어서 정말 기뻤다. 슈로더가 연주하는 곡을 그리는 것은 이따금 몹시 지겨운 일이지만, 나는 만화 페이지에 그려진 악보를 사랑한다. 만화에 나오는 악보는 진짜 존재하는 곡으로 그리려고 하는데, 슈로더가 무슨 곡을 연주하는지 확인해 보는 걸 좋아하는 독자도 있으리라 믿기 때문이다.

라이너스의 담요는 우리 집의 첫 세 아이가 집 안에서 끌고 다니던 담요에서 영감을 받았다. 스누피를 통해 표현되는 '조 쿨'이라는 캐릭터는 둘째 아들 크레이그가 다른 십 대 아이와 빙상 경기장에서 대화를 나누다가 말하는 것을

---

* 베토벤의 후원자였던 체코의 로브코비츠 공작. 베토벤은 나폴레옹을 위해 작곡했던 자신의 교향곡 3번 『영웅』을 로브코비츠 공작에게 헌정하기도 했다. 공작은 베토벤이 자신이 지급하는 고액의 연금에 상응하는 보수를 받는 직책을 얻을 때까지 그에게 매년 연금을 지급하겠다고 약속했지만 그 약속은 지켜지지 않았다.

엿들은 덕에 탄생했다. 크레이그는 또 '조 모토크로스'를 다룬 최근작 하나에 영감을 주기도 했다.

큰아들 몬티는 스누피가 자신의 '소프위드 캐멀' 개집 지붕 위에서 제1차 세계 대전 전투기를 타고 붉은 남작을 추격하는 아이디어를 준 게 자기라고 주장한다. 나는 물론 그 사실을 부인하지만, 몬티가 제1차 세계 대전 전투기의 플라스틱 모형 만들기에 빠져 있는 시기에 비슷한 영감을 받은 건 인정한다. 몬티가 전투기 모형 하나를 내게 보여 준 어느 날 오후, 나는 헬멧을 쓴 스누피가 파일럿 자세로 개집 위에 앉은 모습을 그렸다. 이 모든 것이 꼭 맞아떨어졌다. 사람들은 그 아이디어가 쉽게 인기를 얻었다고 생각할지 모르지만, 그건 내가 오랜 시간 동안 고안한 아이디어 중에서도 최고의 아이디어였다. 사실 이 주제는 수년간 만화 속에 꾸준히 등장한 끝에 두 권의 책으로 만들어지기까지 했다.

직접적인 아이디어를 얻는 일은 훨씬 드물다. 막내딸 질이 어느 날 내게 말했다. "아빠, 제가 발견한 게 있어요. 손을 반대로 뒤집어서 맞잡고 기도하면 기도한 내용이 반대로 이뤄져요." 나는 이 아이디어를 질이 말한 그대로 써먹었다. 크레이그 또한 내게 손톱을 닦는 데 치약을 쓰면 좋다는 말을 한 적이 있는데, 이번에도 나는 크레이그가 말한 것을 거의 그대로 만화에 써먹었다. 둘째 딸 에이미에게서 얻은 아이디어는 내가 만화로 그린 것과 비슷한 상황에서 나온 것이다. 우리 가족이 전부 저녁 식사 자리에 둘러앉아 있을 때였는데, 왜인지 몰라도 그날 저녁 에이미가 유별나게 시끄러웠다. 10분가량을 참다 내가 에이미에게 부탁했다. "애야, 조금만 조용히 해 줄 수 없겠니?" 에이미는 아무 말도 없이 빵 조각을 집어 들고 나이프로 버터를 바르면서 말했다. "지금 제가 너무 시끄럽게 버터를 바르고 있나요?" 이 대사는 라이너스와 루시가 등장하는 일요판 만화에 쉽게 녹아 들어갔다.

　나는 수년 동안 그린 수백 편의 일요판 만화를 살펴보다가 1968년에 갑자기 새로운 아이디어 단계에 들어섰다는 걸 발견하고 놀랐다. 왜인지는 모르겠으나 당시 나는 그 전에는 그려 보지 않았던 새로운 주제를 무더기로 떠올릴 수 있었다. 그때를 돌이켜 봐도 그렇게 참신한 아이디어를 많이 생각해 낼 수 있던 원인을 알아낼 수가 없다. 일반적으로, 행복한 상태보다는 슬픈 분위기에서 더 좋은 아이디어가 나오는 것 같다. 몇 년 전 내 삶에 몇 가지 슬픈 일이 일어나서 나는 더 이상 자동차에서 라디오를 듣지 못할 정도로 깊은 슬픔에 빠졌다. 혼자 차를 타다가 우울해질지도 모르는 상황에 놓이고 싶지 않았는데, 라디오에서 들려오는 거의 모든 것이 나를 깊은 우울에 빠지게 했던 것이다. 그럼에도 나는 여전히 만화에 쓸 아이디어를 생각해 낼 수 있었고, 그 아이디어들은 내가 그때까지 그린 것보다 더 좋았을 뿐 아니라 내 코믹 스트립을 새로운 영역으로 이끌었다.

예전에 컨트리 음악 싱어송라이터 행크 윌리엄스의 앨범을 사서 반복하여 들은 적이 있다. 어느 날 밤, 실연을 노래하는 애처로운 가사에 슬퍼진 나는 찰리 브라운이 빨강머리 소녀에게 말을 걸 용기를 내려고 애쓰는 긴 연작의 첫 번째 이야기를 만들었다. 행크 윌리엄스의 노래가 어떻게 그런 생각을 불러일으키는지 다른 사람에게 설명하기란 어렵지만, 아이디어는 이런 식으로 생겨난다.

내 아이디어가 모두 성공한 건 아니다. 어느 날 앞으로 그릴 새로운 이야기를 궁리하던 나는 프리다라는 캐릭터를 등장시켜 보기로 했다. 프리다는 자신의 천연 곱슬머리를 매우 자랑스러워하는 소녀로, 이웃에 고양이를 데리고 이사 와서 스누피를 위협하는 캐릭터다. 겁에 질린 스누피는 그 고양이를 전혀 좋아하지 않는다. 그러나 스누피에게는 다행스럽게도 작가인 나도 고양이에 별로 관심이 없다는 걸 알게 되었다. 우선 내가 고양이를 그다지 잘 그리지 못한다는 걸 깨달았고, 스누피와 고양이의 관계를 계속 이어갈 경우에는 개와 고양이가 나오는 전형적인 코믹 스트립이 될 텐데, 그것만은 제발 피하고 싶었다. 스누피는 말을 하지 않고 생각만 하기 때문에 이 개와 고양이는 서로 대화를 나눌 수 없다. 그러니 나는 개와 고양이가 서로를 생각하는 걸 그려야 할 판이었는데 그건 말도 안 되는 일이었다. 더 중요한 건, 고양이의 등장으로 스누피가 너무 실제 개에 가까운 모습으로 돌아가게 되었다는 점이다. 고양이가 만화에 등장할 즈음에 스누피는 그의 망상 속에 너무 깊이 빠져 있어서 계속 그 방향으로 스누피를 데려가는 게 중요했다. 초기의 모습으로 스누피를 돌려놓는 것은 성공할 수 없을 터였다. 그래서 나는 당연한 일을 했다. 고양이를 빼 버린 것이다(한 가지 후회라면 그 고양이에게 내가 매우 사랑하는 서부 컨트리 가수 패런 영의 이름을 붙인 것이다. 컨트리 음악 가수가 내 코믹 스트립에 뭔가 기여한 것은 그때가 두 번째였다). 무대 바깥의 고양이는 이제 진짜 고양이보다 더 잘해 나가고 있다. 빨강 머리 소녀, 라이너스의 담요를 싫어하는 할머니, 찰리 브라운의 이발사 아버지, 아이들의 선생님들과 같은 방식으로 말이다. 그리고 이런 무대 바깥의 캐릭터를 등장시키기에 너무 늦은 시기가 오곤 한다. 이를테면 독자들의 머릿속에 있는 빨강 머리 소녀의 모습을 내가 그리는 일은 일어나지 않을 것이다.

초기의 『피너츠』에서는 많은 아이디어가 아주 어린 아이들을 중심으로 펼쳐졌다. 그때만 해도 내 아이들이 아직 어렸기 때문이다. 나 자신은 조금도 세련된 사람이 아닌데도, 코믹 스트립이 진행되면서 이 작품은 다소 세련된 면모를 띠게 되었다. 또 『피너츠』는 내가 중요하다고 여기는 자질을 갖추게 되었는데, 그건 추상화라고밖에는 설명할 수 없는 것이다. 캐릭터들이 사는 동네는 점차 현실적인 공간의 면모를 잃어 갔다. 스누피의 개집은 오직 옆면으로 나타날 때만 제 역할을 한다. 스누피는 너무나 개답지 않은 개가 되어서 더 이상 진짜 개집에서 살지 않는다. 또한 크고 둥근 머리와 짧은 팔을 가진 다른 캐릭터들은 좀 더 평범한 그림 스타일로 그린 만화에서였다면 흔히 했을 법한 행동을 하기에 제약이 따르기도 한다. 그럼에도 이런 방향은 내가 가고자 했던 것이며, 나는 이 스타일이 코믹 스트립에서 누구도 시도하지 못했던 일들을 어느 정도 가능하게 해 준다고 믿는다.

『피너츠』그림에 등장하는 기본 구도는 모두 명확한 목적을 가지고 쓰였고 그중에는 꽤 중요한 것도 있다. 나는 언제나 아이들을 지나치게 조심하면서 다루는 편이고, 무슨 사고라도 나서 아이들이 다치거나 더 나쁜 일이 생기지는 않을까 끊임없이 걱정한다. 내가 처음에 서로 대화를 나누는 아이들을 코믹 스트립에 그려 넣을 때 쓴 전형적인 구도는 아이들이 차도와 인도 사이의 갓돌에 앉아 있는 모습으로, 퍼시 크로즈비가 그린 초기의 『스키피』 코믹 스트립을 연상시켰다. 그러나 『피너츠』에 등장하는 인물들은 스키피와 그 친구들보다 훨씬 어렸고, 나는 그 캐릭터들을 자동차 사고를 당하기 쉬운 갓돌에 앉히는 것이 항상 마음에 걸렸다. 그래서 나는 늘 아이들이 앉아 있는 모습을 길가에서 떨어진 곳, 계단을 내려오면 있는 인도 끝에 그렸다. 코믹 스트립의 후기에는 이런 구도가 적합하지 않은 경우가 있었으므로, 나는 결국 아이들을 돌담 옆에 서 있는 모습으로 바꾸어 그리게 되었다. 돌담이 있는 구도는 캐릭터가 다양한 자세로 담에 기댄 채 인생 문제를 이야기하며 바라보는 것이 무엇인지 독자들이 짐작해 보게 한다. 나는 또 독자들에게 캐릭터가 누구이고 또 뭘 하고 있는지를 바로 알아볼 수 있도록 만드는 것이 중요하다는 사실을 서서히 깨닮게 되었는데, 그런 이유로 교묘한 각도를 쓰거나 칸마다 다양한 포즈를 그리는 일은 되도록 피했다. 예를 들어 슈로더를 여러 가지 구도로 보여 주는 일은 아무런 쓸모가 없다. 독자가 바로 그를 알아보고 장난감 피아노 앞에 앉은 슈로더의 모습에 친근감을 갖는 것이 중요하다. 일부 캐릭터는 다른 각도에서 그리는 게 어려운 것도 사실이다. 그저 다른 각도에서 본 모습보다 정해진 각도 내에서 다른 자세를 취하도록 그리는 게 눈속임에 더 적절할 때도 있다. 요약하면 결국 우리는 가장 좋게 보이는 모습이 무엇인지 고민해야 한다. 슈로더는 피아노를 치는 옆모습으로 그려지는 것이 가장 좋아 보인다. 나는 언제나 캐릭터들을 그들의 눈높이에서 그리는데, 이렇게 하면 독자가 어른의 시선으로 그들을 내려다보지 않고 완전히 그림에 몰입할 수 있다. 나는 아마 잔디를 언제나 측면에서만 그리는 유일한 만화가일 게다.

스누피가 상상의 삶으로 더 깊이 빠질수록, 스누피의 개집을 보는 시점을 옆면으로 유지하는 일이 중요해졌다. 단순히 생각해 봐도 현실에 가깝게 그려진 개집 위에 스누피 같은 행동이나 사고를 하는 개를 둘 수는 없는 노릇이다. 오직 개집이 옆에서 본 모습으로 그려져 있을 때에야 스누피의 고유한 이미지가 훨씬 쉽게 받아들여진다. 필요에 따라 스누피의 개집은 정체성을 완전히 잃게 될 위기에 처하기도 한다. 스누피의 타자기는 개집 꼭대기에 그렇게 균형 잡힌 상태로 놓여 있을 수 없다. 또 스누피가 잠을 자는 자세를 자세히 들여다보면 거기에 뭔가 수수께끼 같은 구석이 있다는 걸 쉽게 알아챌 수 있을 것이다. 나는 수의사에게 새들이 어떻게 잠을 자면서 나뭇가지 위에 계속 앉아 있을 수 있는지를 물어보았는데, 새들이 잠든 후 새의 뇌에서 보내는 신호가 발톱에 전달되어 가지 위에서 굴러 떨어지지 않도록 특정한 근육을 긴장시키기 때문이라고 한다. 수의사의 말에 따르면 서서 잠을 자는 말에게도 비슷한 현상이 일어난다. 인간에게는 그런 능력이 없다. 이제 나는 스누피가 잠든 뒤에도 어떻게 개집 지붕에 계속 붙어 있을 수 있느냐는 질문을 받으면 스누피의 뇌에서 보낸 신호가 스누피의 귀에 전달돼 스누피를 개집 위에 고정시켜 준다고 대답할 수 있게 되었다.

　야구 경기를 하는 장면은 다른 팀이 전혀 나오지 않아도 멋진 효과를 낸다. 야구가 나오는 대부분의 시간 동안 독자는 투수 마운드에 서 있는 찰리 브라운에게 집중하게 된다. 『피너츠 복음』의 저자인 로버트 쇼트는 언젠가, 마운드에 선 찰리 브라운의 포즈가 재 속에 앉은 욥과 같다고 나를 일깨워 준 적이 있었는데, 내가 그런 생각을 한 번도 해 본 적이 없다고 했더니 꽤 놀라는 듯했다.

야구 경기 장면은 정지된 상황을 묘사하는 데 효과적이기에 코믹 스트립에서 두드러진 역할을 한다. 난폭한 운동이나 움직임이 많은 운동을 그리면 캐릭터에게 가만히 서서 철학적인 견해를 펼칠 여유를 줄 수가 없다. 야구라는 운동 자체가 가진 긴장이라는 요소도 있다. 경기가 시작되기 전이나 다음 피칭을 하기 전, 찰리 브라운이 마운드에 서서 앞으로 일어날 일에 대한 긴장감을 쌓아 올리는 모습을 보여 줄 수 있는 것이다. 이런 표현을 가능하게 하는 스포츠는 야구 외에는 거의 없을 것이다.

라이너스가 담요를 붙잡고 있는 정면 자세는 두 가지 이유 때문에 사용되었다. 한 가지는 앞서 말했던 것처럼 친근감을 불러일으키기 위해서이고, 다른 한 가지는 현실적인 이유 때문이다. 라이너스의 커다란 머리와 짧은 팔 탓에 라이너스가 엄지손가락을 빠는 옆모습을 그리기가 매우 어려웠던 것이다. 라이너스가 그렇게 길게 팔을 뻗기는 힘들 것 같았다. 『피너츠』의 많은 텔레비전 프로그램과 영화 제작을 맡았던 할리우드의 애니메이터들은 이런 점들을 발견하고 매우 아쉬워했다. 라이너스의 다양한 자세를 표현하는 데 제약이 따랐기 때문이다.

우드스톡의 첫 등장에서 배울 수 있는 것은 뭔가를 적합한 형태로 그리기 전에는 작품에서 원하는 효과를 내기 힘들다는 것이다. 이 작은 새의 초기 형태는 익살스러운 역할을 주기에는 너무 사실적이었다. 하지만 내가 좀 더 편안한 그림 스타일을 갖게 되면서 우드스톡의 모습도 점차 나아졌다. 우드스톡을 등장시키자 고양이를 등장시켰을 때와 비슷한 문제가 발생했고, 나는 고집을 좀 꺾어야 했다. 스누피가 우드스톡과 대화를 나누지 않는 쪽이 훨씬 내 마음에 들었지만 그렇게 하려면 중요한 아이디어들을 버려야 했다. 나는 스누피가 우드스톡에게 '생각' 풍선으로 말하게 만들었다. 우드스톡에게 정말 말을 시키고 싶어지는 때가 있긴 했지만 생각으로 의사소통하는 방식을 계속 유지했다. 이 요소는 포기해서는 안 된다는 생각이 드는데, 내게는 우드스톡의 모든 언어를 그의 머리 위에서 작게 긁힌 형태로 계속 묘사하는 게 우드스톡에게 말을 시키는 것보다 중요하기 때문이다.

『피너츠』에 특별한 구석이 있다면, 그건 어른이 등장하지 않는다는 점일 것이다. 어른이 나오지 않는 이유를 설명할 때면 평일판 코믹 스트립의 높이가 고작 4센티미터밖에 안 돼 어른이 서 있을 공간이 없는 탓이라고 종종 말하는데, 어른을 뺀 진짜 이유는 그 만화에 어른을 침입시키면 불편해지기 때문이다. 『피너츠』에 어른 캐릭터는 나올 필요가 없다. 만화를 그리던 초기에는 무대에 없는 사람의 목소리를 넣어 보는 실험을 하기도 했지만 별로 쓸모도 없었을뿐더러 어색했기 때문에 이내 그만두었다. 그 대신 나는 아이들의 말에는 등장하지만 실제로는 모습을 드러내거나 말을 하지 않는 무대 밖의 어른 출연진들을 만들었다. 찰리 브라운의 아버지는 온화한 성품을 지닌 사람으로 몇 가지 문제를 가지고 있는 것 같다. 찰리 브라운은 어느 늦은 밤에 부엌에서 매우 슬픈 얼굴을 하고 차가운 시리얼을 먹으며 옛 고등학교 연감을 보고 있는 아버지를 본 것에 대해 말한 적이 있다. 찰리 브라운의 표현은 우리 대다수에 관한 무언가를 말해 주는 듯하다. 라이너스의 담요를 싫어하는 할머니는 라이너스가 그의 정신적인 의지처를 사방에 끌고 다니는 고약한 버릇을 고칠 수 있으리라는 믿음을 가지고 가엾은 라이너스의 삶에 풍파를 일으킨다. 할머니가 방문할 예정이라는 얘기를 듣고 담요를 할머니 몰래 숨길 수가 없다는 걸 깨달은 라이너스는 자신을 수신자로 적은 봉투에 담요를 쑤셔 넣고 그걸 우편으로 부쳐 버린다. 적어도 나흘이나 닷새 동안은 그게 도착하지 않을 거라고 생각하면서 말이다. 절대 만화에 나오지 않는 또 하나의 강렬한 캐릭터는 라이너스의 선생님인 미스 오스마이다. 라이너스는 그저 '미스 오스마가 걷는 땅을 무척 좋아할 뿐'이라고 주장하면서 미스 오스마에 대한 사랑을 부정한다. 나는 아이가 주변에서 무슨 일이 일어나고 있는지 어른이 지레 짐작하는 것보다는 훨씬 많이 알고 있다는 말을 자주 듣는다. 하지만 내 관찰에 따르면 자기 주변에서 일어나는 일에 대한 아이의 이해력이 어른의 예상치보다 훨씬 더 떨어지는 경우도 이따금 있다. 아이가 어른보다 더 자기중심적으로 산다는 것이 한 가지 원인인 듯한데, 자연스러운 일이다. 아이는 종종 실제로 일어나는 일을 왜곡해서 받아들인다. 나는 라이너스와 미스 오스마에 대한 짧은 이야기를 통해 이 점을 표현한 적이 있다. 라이너스는 이글루를 배우는 데 쓸 달걀 껍질을 준비물로 가져가야 했는데, 그 달걀 껍질은 에스키모 마을처럼 생긴 모형에 놓을 것이었다. 어떤 이유에선지 달걀 껍질을 깜빡 잊어버리고 학교에 간 라이너스는 그날따라 미스 오스마가 매우 난처해하는 것을 눈치챈다. 라이너스는 대부분의 아이가 그렇듯이 자의식이 아주 강했으므로, 당연히 자기가 달걀 껍질을 가져오는 것을 잊어버린 탓에 미스 오스마가 화가 났다고 여긴다. 하지만 미스 오스마가 난처해한 건 방과 후 로맨스 때문이었다는 사실이 밝혀지고, 결국 미스 오스마는 결혼해 버린다.

확신할 수는 없지만, 나는 코믹 스트립에 진짜 악보를 사용한 첫 번째 만화가인 동시에 최초로 성서를 폭넓게 인용한 만화가일 것이다. 성서를 인용하면서 나는 혹독한 비판을 감수해야 했다. 비판자들은 "신문의 코믹 스트립 같은 저급한 매체"에 성서를 인용하는 것은 신성 모독이라는 내용의 편지를 보냈다. 그런 편지를 받을 때면 답장으로 보내고 싶은 수많은 말로 마음이 어지러워지지만, 나는 언제나 아무 대답도 하지 않는 게 낫겠다는 결정을 내린다. 나는 성서를 인용할 때 항상 품격을 잃지 않도록 노력하며, 당연히 성서에 대한 크나큰 애정을 가지고 그와 같은 작업을 한다. 나는 구약과 신약 성서를 공부하기를 매우 좋아하기 때문이다.

예전에 로버트 쇼트라는 한 젊은 신학도로부터 편지를 받은 적이 있는데, 『피너츠』의 일부를 인용한 자신의 논문을 책으로 출간하기 위해 허락을 구하는 내용이었다. 나는 그가 논문에서 『피너츠』를 언급한 많은 부분에서 고마움을 느꼈다. 종교적인 견해를 다룰 때에는 모든 종류의 비판과 문제 제기에 열려 있어야 한다는 사실도 깨닫긴 했다. 나는 로버트에게, 책이 출판된다면 분명 기쁠 테지만 내가 공동 작업한 것처럼 생각하는 사람이 없었으면 좋겠다고 말했다. 항상 찬사와 덕담을 받아들이되, 욕을 먹는 것은 피하자는 게 내 철학이다. 결과적으로 『피너츠 복음』은 엄청난 베스트셀러로 성공을 거두었고, 로버트가 전국을 순회하면서 수천 명의 대학생에게 강연할 수 있는 길을 열어 주었다. 이 책을 통해 다른 교역자 또한 비슷한 방식으로 토론 집단을 주도할 기회를 갖게 되었다.

『피너츠』에 수많은 신학적 주제를 활용하면서 나는 지나치게 개인적인 관점이 담긴 콘텐츠를 홍보하는 일은 신문 편집자를 곤란하게 만든다는 사실도 알게 되었다. 그렇지만 성서를 온건한 방식으로 코믹 스트립에 쓰는 것이 불가능하지는 않다고 믿는다. 신학에 대한 나의 개인적인 견해는 지난 20년 동안 상당히 많이 변화했으며, 나는 이제 모든 진리를 알고 있다고 주장하는 사람을 피한다. 인터뷰로는 영적인 근원에 대한 이야기를 나누기 어렵다. 그 인터뷰 내용이 항상 독자가 잘 이해할 수 있는 형태로 지면에 실리지는 않기 때문이다. 신학과 관련된 토론은 내가 상대방의 눈을 직접 보고 말할 수 있을 때만 하는 것이 더 만족스러울 뿐 아니라 훨씬 안전하다는 것을 깨달았다. 종교처럼 민감한 주제에 대해 이야기를 나눌 때면 너무 많은 '하지만'이 필요한데, 보통의 잡지나 신문 인터뷰에는 그런 부분들이 잘 드러나지 않는다.

모든 직업, 모든 종류의 일에는 나름의 어려움이 있다. 코믹 스트립을 창작하는 일을 하면서 가장 어려운 것은 끝나지 않고 매일 연속되는 마감 일정 속에서 일정한 품질을 유지해 나가는 것이다. 인생에서 맞닥뜨리게 되는 많은 문제를 껴안은 채 만화가는 자기 만화의 수준을 유지해야 할 뿐 아니라 그 수준을 끊임없이 향상시켜야 한다. 그러니 만화가는 대단히 힘든 직업이다. 그러나 일정한 수준을 유지하는 능력이야말로 좋은 만화와 그렇지 않은 만화를 가장 잘 구분 지어 주는 요소다. 내게는 한동안 악몽에 시달렸던 시기가 있었다. 몇 주에 걸쳐 나쁜 꿈이 불규칙하게 나를 찾아왔는데, 걷잡을 수 없이 엉엉 우는 꿈을 꾸고 난 뒤에 잠에서 깨면 끔찍하게 우울했다. 이런 일을 무시하는 것, 그리고 모든 일을 떨쳐 버리고 재미있는 만화를 생각하는 일은 당연히 쉽지 않다. 매일의 압박은 우리 모두에게 영향을 준다. 내가 이야기를 나눈 사람들 또한 하루 중 많은 시간 동안 분노를 느낀다고 내게 토로했다. 고객이나 회사의 상사를 만나는 일상만으로도 매우 힘들어질 때가 있다. 이 따금, 그저 조간신문을 읽거나 텔레비전 뉴스를 보는 것만으로 좌절하게 되는 때도 있다. 그럴 때면 자기 자신에게, 가족에게, 동료에게, 가게에서 만나는 사람에게, 물론 우리나라 정부에도 화가 치민다. 이 모든 분노를 뒤로하고 매일의 일과를 계속해 나가려면 상당히 성숙한 사람이 되어야 한다.

찰스 슐츠, 『피너츠 25주년 기념 – 찰리 브라운과 함께한 나의 삶과 예술』, 홀트 라인하트 앤드 윈스턴 출판사, 1975년, 81~100쪽.

나의 예술

코믹 스트립이 나아갈 길

코믹 스트립을 그리는 일은 남은 삶 동안 매일매일 작문 숙제를 하며 살아가는 일과 같다. 나는 고등학생 시절에 결코 작문을 잘하는 학생이 아니었고, 마감일 바로 직전까지 쓰는 일을 미루곤 했다. 코믹 스트립 일정을 맞추려 노력하는 내게 위안이 되는 단 한 가지는 이 일이 작문보다는 꽤 재미있다는 사실이다.

나는 정말로 코믹 스트립의 광적인 팬이고, 언제나 그래 왔다. 미네소타의 세인트폴에서 유년 시절을 보낼 때는 지역 신문 두 가지를 모두 구독했고, 토요일 저녁에는 잡화점에 가서 미니애폴리스 일요판 신문들을 샀다. 그 지역에 출판되는 코믹 스트립을 전부 읽고 싶었기 때문이다. 당시 나는 『벅 로저스』, 『뽀빠이』, 『스키피』의 열렬한 팬이었다.

고등학교에 입학한 후 나는 세인트폴 시내에서 택배 일을 했는데, 배달 중에 세인트폴 『파이어니어 프레스』 건물을 지나면서 창문으로 일요판 만화가 인쇄기에서 찍혀 나오는 모습을 보곤 했다. 언젠가 내가 그린 만화를 그렇게

작문 숙제 '이번 여름에 한 일'

9-15

나는 공놀이를 하고 캠프에 갔습니다.

인쇄하는 게 내 꿈이었음은 당연했다.

찰리 브라운과 스누피를 그리기 시작한 지 20여 년이 흘렀다. 나는 여전히 그들을 그리는 것이 즐겁다. 하지만 한 편으로는 연재 도중에 쉴 수 있는 한 주를 벌었을 때가 가장 즐겁다. 나는 막 우편으로 부친 여섯 편의 코믹 스트립이 정말 잘 그린 작품이라는 것을, 그리고 이 빽빽한 일정에서 한 주를 벌었다는 것을 깨닫고 굉장한 기쁨을 누리며 우체국에서 걸어 나오는 것을 자주 경험했다.

나는 20년 가까이 코믹 스트립을 잘 그리는 법에 대해 연구했다. 나는 창작자가 자신의 아이디어를 모두 표현할 수 있는 코믹 스트립만이 훌륭한 수준을 유지할 수 있고 또 살아남을 수 있다고 믿는다. 코믹 스트립은 당연히 한 가지나 두 가지 소리만 낼 수 있어서는 안 되며 다양하고 넓은 건반을 보유해야 한다. 만화를 그려서 살아남고 싶다면, 자기가 갖고 있는 모든 생각과 경험을 사용해야 한다.

또한 코믹 스트립은 계속해서 더 나아가야 한다. 내 작품을 모방하는 작가들과 간격을 벌리는 방법은 새로운 영역을 탐색하는 것뿐이다. 게다가 오늘 재미있는 코믹 스트립이 다음 주에도 재밌으리라는 법은 없다. 스누피라는 캐릭터가 좋은 예다. 『피너츠』를 시작했을 때는 스누피의 생각을 우리가 읽을 수 있다는 단순한 발상만으로도 재미를 느낄 수 있었다. 물론 이제는 그 생각의 내용이 더 중요한 것이 되었고, 스누피가 자신의 상상력으로 개성을 갖게 되면서부터는 스누피가 평범한 개로서 했던 일들이 재미를 잃게 되었다. 스누피는 내가 예상한 범위를 벗어날 수 있는 존재이므로 코믹 스트립에서 드러나는 스누피의 성격을 주의 깊게 지켜볼 필요가 있다. 이런 캐릭터를 통제하려면 적정한 수준의 상식을 가져야 한다. 또 다른 내 믿음은 코믹 스트립이 소설처럼 독자를 새로운 사고와 도전의 영역으로 이끌어 가야 하며, 작가는 진심 어린 자세로 그 영역을 다루어야 한다는 것이다. 나는 내가 그리는 주제에 대해 평균 이상의 지식을 갖추고 있다는 확신이 없을 때는 절대 그걸 그리지 않는다. 내가 베토벤의 음악이나 연날리기, 정신 분석학의 전문가라는 의미가 아니다. 창작을 하는 사람으로서 수박 겉핥기로나마 그런 주제들을 다룰 줄 알고 적재적소에 써먹을 수 있다는 뜻이다.

많은 사람들은 내게 와서 『피너츠』의 철학에서 얼마나 많은 것을 배웠는지 말한다. 그럴 때마다 정말 당황스럽다. 나는 그 철학이 뭔지 전혀 모르기 때문이다. 내게 코믹 스트립이란 언제나 씁쓸한 기분과 관련되어 있고, 명백히 패배를 다룬다. 만화는 삶과 사람에 대한 내 생각을 표현할 기회를 주는 매체다. 내 생각에 우리 인간은 모두 감정적으로 어른이 되기 위해 온갖 애를 써야만 하는 존재이며, 모든 면에서 성숙한 존재가 되지 못하는 한, 언제나 고통과 근심으로 괴로워한다. 이런 어른의 두려움을 『피너츠』에 등장하는 아이들의 대화 속에 넣어 보면 흥미롭다. 시간의 흐름은 거의 언제나 인간의 미성숙한 면을 드러낸다. 아이들은 시간에 대해 독특한 태도를 보이는데, 충분한 시간을 기다리는 데 필요한 인내심이 없기 때문이다. 아이들은 갖고 싶은 것을 즉시 가져야 한다. 그리고 기다리는 방법을 익히지 못한 어른은 온갖 문제를 일으키게 된다.

미래의 어떤 일들은 피할 수 없다는 걸 깨닫지 못하는 것 또한 미성숙한 일이다. 아이들은 어떤 일을 미룰 수만 있다면 단지 그때가 아직 오지 않았다는 이유만으로 거의 모든 일을 미룰 것이다. 물론 어른들도 별다를 바 없지만.

『피너츠』에 등장하는 각각의 캐릭터를 분석해 달라는 요청을 꽤 자주 받는데, 이건 아무래도 내게는 불가능한 일이다. 나는 정말이지 찰리 브라운과 라이너스, 루시라는 인물에 대한 이야기를 할 수가 없다. 그들을 그릴 수도 있고 그들이 할 일을 생각해 낼 수도 있지만 그들에 관해 제대로 이야기할 수는 없다.

그러나 점차 수가 늘어나고 있는 무대 밖의 인물들은 내게 흥미로운 존재다. 언젠가 한 독자가 페퍼민트 패티의 아버지가 어떤 사람인지에 대해 확신을 가지고 쓴 편지를 내게 보내 준 적이 있는데 내용이 꽤 그럴듯했다. 패티의 아버지는 자기 딸을 '귀한 보석'이라고 부르고, 패티의 선머슴 같은 면모에 꽤나 관대한 편인 것 같다. 그 독자는 패티의 아버지가 부인과 이별했거나 사별한 것 같다고 추측했다. 나는 작중에서 찰리 브라운의 아버지에 대해서는 꽤 자세히 다루었다. 독자는 찰리 브라운의 아버지가 자신의 일터인 이발소에 아들이 찾아올 때면 언제든 기꺼이 받아 주는 사람이라는 걸 안다. 이런 요소는 대체로 내 경험에서 비롯된 것이다. 내 아버지도 이발소에서 일했는데 내가 찾아갈 때면 항상 다정하게 맞아 주었다. 나는 아버지의 일이 끝나는 저녁때까지 이발소에 앉아서 신문과 잡지를 읽었다. 내가 금전 등록기의 '매상 아님' 단추를 누르고 거기서 사탕을 사려고 동전을 꺼내 갈 때도 뭐라고 한 적이 없다.

라이너스의 어머니는 특이한 사람인 듯하다. 찰리 브라운은 라이너스에게 이렇게 한마디 한 적이 있다. "네가 왜 그 담요를 질질 끌고 다니는지 이제 좀 알 것 같아." 라이너스의 어머니는 라이너스가 학교에서 공부를 잘하는지 지나치게 신경을 쓰는 모양으로, 라이너스의 도시락에 몰래 쪽지를 넣어서 학구열을 자극하려고 한다. 쪽지에는 이렇게 써 있다. "오늘도 열심히 공부하렴. 아버지와 나는 네가 정말 자랑스럽단다. 네가 훌륭한 교육을 받았으면 좋겠구나."

무대 밖의 인물 중에는 내가 절대 그릴 수 없는 위치를 획득한 인물도 있다. 빨강 머리 소녀는 스누피의 개집 내부와 매우 비슷한 존재다. 독자는 빨강 머리 소녀가 어떻게 생겼을지 상상해 볼 수 있을 테지만, 내가 아무리 잘 그려 봤자 그 상상을 충족시킬 순 없을 것이다. 모든 독자에게는 자신이 생각하는 개집 안의 모습이 있을 텐데, 내가 그 부분을 자세히 그린다면 모든 사람을 조금씩 실망시키게 될 것이다.

라이너스가 사랑하는 선생님 미스 오스마는 좀 특이한 사람으로, 나는 주로 라이너스의 대사를 통해 미스 오스마를 드러내고 싶었다. 나는 가끔 이중 구조로 이루어진 이야기를 실험하곤 하는데, 라이너스의 관점으로 학교에서 일어나는 일을 보여 준 뒤, 실제로 일어난 일을 보여 주는 식이다. 이렇게 해서 나는 내가 알아낸 진실을 드러내려고 한다. 그 진실이란 아이들은 우리가 짐작하는 것보다 더 많은 것을 보긴 하지만 동시에 무슨 일이 일어나고 있는지 거의 이해하지 못한다는 것이다. 이는 흥미로운 역설이며, 아이들을 좀 더 잘 다루려고 하는 어른들이 이해해야 하는 점이다.

　나는 코믹 스트립이라는 매체가 자랑스럽고, 그게 내 일이라고 말할 때 부끄러움을 느낀 적이 한 번도 없다. 코믹 스트립을 위대한 예술이라고 믿는 것은 아니지만, 그게 이른바 '대중 예술'이라고 불리는 부류에 속한 다른 매체와 같은 수준의 예술이라는 확신을 항상 갖고 있다. 나는 여러 가지 측면에서 우리가 코믹 스트립의 모든 가능성을 발견해 내지는 못했다고 보지만, 이따금 너무 늦었다는 느낌이 들기도 한다. 신문에 있는 코믹 스트립이 세상에 해악을 끼치는 골칫거리라고 생각하는 사람이 많기는 하지만, 코믹 스트립은 그 신문 속에 자리하고 있으며 신문 판매에 도움을 준다. 만화를 그리는 사람들이 좀 더 많은 인내심과 노력을 발휘한다면 더 좋은 만화를 그릴 수 있을 것이다. J. R. 윌리엄스의 『우리들이 사는 곳』 같은 위대한 작품을 돌아보면 우리가 그런 영광의 일부조차 영영 되찾을 수 없을지도 모르겠다는 기분이 든다. 신디케이트에서 새로 내놓은 코믹 스트립에 대한 소개 글을 읽다가 '기상천외한' 코믹 스

트립이라는 표현이 나오면 나는 몸서리를 친다. 이제 '기본
에 충실한' 새로운 작품을 좀 만나 볼 때다. 진짜 사람들이
살아 움직이는 그런 작품 말이다.

찰스 슐츠, 「코믹 스트립이 나아갈 길」, 『새터데이 리뷰』, 1969년 4월 12일 자,
73〜74쪽.

말하지 않는 개를 데리고 뭘 할까?

나는 『피너츠』를 30년 그린 후에야 코믹 스트립에 등장하는 캐릭터란 재빠르게 나타났다가 사라져 간다는 사실을 깨닫게 되었다. 다른 캐릭터보다 자기 역할을 더 잘해 내는 캐릭터도 있고, 아예 아무 일도 하지 않는 캐릭터도 있다. 스누피 같은 캐릭터는 너무 강해서 작가가 틈을 주면 코믹 스트립을 완전히 장악해 버린다. 곱슬머리 소녀 프리다 같은 캐릭터는 도중에 잠깐 들렀다가 떠난다. 그들이 재미를 부각시키지 못하는 캐릭터이거나 작가가 그들을 너무 성장시킨 탓일 게다. 그렇지만 기쁜 마음으로 말하건대, 이런 캐릭터의 움직임은 텔레비전 프로그램에 등장하는 캐릭터에 비하면 아무것도 아니라고 말할 수 있다.

텔레비전이란 폭군 같은 매체다. 내가 만든 캐릭터들을 데리고 애니메이션을 만들 때도 마찬가지다. 빌 멜렌데즈와 나는 15년이 넘는 세월 동안 그렇게 애니메이션을 만들어 왔다. 텔레비전 프로그램에는 영화나 연극 공연처럼 자리에 가만히 앉아 있는 관객이 없다. 텔레비전이란 소파

에 앉은 이름 모를 남자의 처분에 맡겨진 신세다. 코네티컷의 뉴헤이븐에서 시험 삼아 한번 공연해 본 뒤에 후속편을 이어 쓸 수는 없다. 시청자를 즉시 사로잡지 못하면 그가 채널을 휙 돌려 버린다 해도 별수 없다. 거기에 대고 "저기요, 조금만 기다려 보실래요? 곧 끝내주는 노래가 나오거든요"라고 말할 방법은 없다. 그 자리에서 시청자를 사로잡아야만 하는 것이다.

내가 만든 캐릭터 중 이목을 끌기 좋은 캐릭터들은 텔레비전에서 자신의 장점을 다 보여 주지 못하는데, 이 때문에 난감한 상황이 발생하곤 한다. 스누피는 심지어 말조차 하지 않는다. 코믹 스트립에서 스누피는 생각을 담은 말풍선으로 의사소통을 한다. 우드스톡은 그저 짹짹거리기만 할 뿐이다. 우드스톡이 무슨 말을 하고 있는지는 보는 사람의 상상에 맡겨진다. 내가 무언극을 좋아하긴 하지만, 영화에서 코믹 스트립의 중심 캐릭터 둘을 데리고 할 수 있는 것은 별로 없다. 그 모든 시詩, 개집 지붕 위에서 철학하는 스누피, 실현 불가능한 꿈을 꾸는 우드스톡 등은 설령 그걸 표현할 방법을 찾아낸다 해도 있는 그대로 영화에 등장하지 못한다. 영화에서는 대부분의 경우에 그런 장면을 뻔한 악당이 등장하는 보트 추격, 피겨 스케이트 대회, 철자 맞

히기 대회 같은 설정으로 대체해야 한다. 괜찮다. 이야기가
너무 뻔하게 흘러간다는 점만 빼면 말이다. 하지만 말할 줄
아는 캐릭터는 새로운 추동력을 갖게 된다. 찰리 브라운은
이런 장면들에서 다시 한 번 스타가 된다.

　　찰리 브라운이 선량한 사람이라는 데는 의심의 여지가
없다. 그래서 찰리 브라운은 코믹 스트립에 꼭 맞는 캐릭터
이다. 코믹 스트립 주인공 중에는 그저 존재하는 것만으로
살아남는 캐릭터가 있는데, 찰리 브라운이 바로 그런 캐릭
터다. 어떤 주인공은 인용으로 살아남는데, 제임스 서버*의
만화에 나오는 캐릭터가 그렇다. 사람들은 25년 전에 서버
의 만화에 나왔던 대사를 기억한다. 미키마우스가 한 말을
기억하는 사람이 있을까? 미키마우스와 찰리 브라운은 단
지 거기에 존재함으로써 살아남은 캐릭터다.

　　이는 대체로 모든 코믹 스트립의 주인공에게 적용할
수 있다. 그들은 하나같이 작고, 남에게 잘 속아 넘어가며,
혼자서는 절대 재미있는 말을 하지 못한다. 월트 켈리의 캐
릭터 포고는 호감형의 작은 주머니쥐이며, 미키마우스는
노회한 쥐 같은 모습을 하고 있다. 찰리 브라운은 끊이지
않는 불안감에 시달리고 있지만 한결같이 이성의 목소리를
관철하면서 다른 캐릭터들과 절제된 관계를 맺고 있다. 그

---

* 『뉴요커』의 간판 작가로서 만화 외에도 소설과 수필 등 다양한 장르의 작
품을 썼다. 해학적이고 기발한 스타일로 큰 인기를 누렸으며, 벤 스틸러 감
독의 영화 『월터의 상상은 현실이 된다』(2013)의 원작이 된 단편 소설 「월터
미티의 이중생활」의 저자이기도 하다.

러면서도 그는 모든 것들을 한데 묶는 역할을 한다.

텔레비전의 또 한 가지 지루한 요소는 텔레비전이 할 수 있는 것과 할 수 없는 것을 규정한다는 점이다. 소설은 표면 아래를 파고들어 캐릭터를 발전시킬 시간을 준다. 신기하게도, 코믹 스트립에서도 그와 비슷한 여유를 누릴 수 있다. 코믹 스트립을 읽는 데에는 하루에 16초라는 짧은 시간밖에 걸리지 않지만, 그 시간들은 축적되면서 계속 이어져 나간다. 긴 시간에 걸쳐 큰 변화들이 생겨나는 것은 자연스러운 일이다. 그 한 예로, 스누피는 『피너츠』가 시작될 무렵에는 지극히 평범한 모습을 한 사랑스러운 개 한 마리에 불과했다. 그러나 스누피가 개집 위에 올라가 공상을 시작하자 스누피는 이전과는 아주 다른 존재가 되었다. 반면에 텔레비전에서는 철학적인 생각은 고사하고 대화를 지속하는 것조차 어렵다.

그렇다고 해서 텔레비전이 도전할 만한 매체가 아니라는 건 아니다. 텔레비전 방송에서는 정말 멋진 일도 일어난다. 나는 텔레비전으로 방영될 철자 맞히기 대회 때문에 고민한 적이 있다. 대회의 마지막에서 찰리 브라운이 지는데, 그는 이 패배로 너무 우울해진 나머지 침대로 향하면서 다시는 일어나지도, 야구 경기를 하지도 않겠다고 맹세한다.

밋밋한 엔딩이었다. 뭔가가 더 필요했다. 오랫동안 궁리한 끝에 뭔가가 떠올랐다. 라이너스가 찰리 브라운을 찾아와서 문을 열고 방에 들어가도 되느냐고 묻는다. "네가 뭘 하든 난 관심 없어." 찰리 브라운이 침울하게 말한다.

"철자 맞히기 대회 때문에 기분이 상했어? 사람들을 실망시켜서 우울한 거지? 근데 찰리 브라운, 그래도 세상이 아직 안 끝났다는 거 알아?" 라이너스의 이 말을 듣고 찰리 브라운은 일어나서 옷을 챙겨 입은 뒤 밖으로 나간다. 모두가 구슬치기를 하고 있다. 세상은 끝나지 않고 거기에 있다. 나는 이 부분을 좋아했다.

텔레비전의 어려움이란 다른 매체로 표현하는 방식에 대한 일종의 번역 문제에서 비롯된다. 어떤 것을 다른 매체로 표현하려면 많은 노력을 들여야 한다. 이를테면, 나는 성장하여 집에서 독립해 나간 내 아이들을 그리워하고 좀 더 가까운 곳에 있었으면 좋겠다고 바라곤 한다. 그러고 있으려니 내가 늙었구나 싶어 우울한 상태가 되었고, 곧 이런 생각을 만화로 그릴 수 있을 거라는 생각을 했다. 하지만 어떻게 표현해야 할까?

나는 루시가 나이 듦에 대해 불평하면 재미있겠다는 생각이 들었다. 그러면 내 마음에도 좀 위로가 될 것 같았다. 최소한 그 불안을 누군가에게 말할 수는 있게 될 테니까. 하지만 그렇게 하려면 루시의 불평을 들어 줄 사람을 정해야 했다. 그건 슈로더였다.

"내가 늙고 성격이 나빠졌을 때도 날 사랑해 줄래?" 루시가 따지듯 묻는다.

"난 지금도 너를 사랑하지 않는데 어떻게 그런 너를 사랑하겠어?" 흔들림 없이 피아노를 치면서 슈로더가 대답한다.

이 아이디어로 코믹 스트립 한 편은 뽑아낼 수 있다. 같은 주제로 너다섯 편은 더 그릴 수 있을 것이다. 아니면 한 편도 못 그릴 수도 있고. 어쩌면 이번 경우처럼 하나는 버려야 할 수도 있다. 여기서 루시는 나이 드는 것을 그저 거부하면서 격렬하게 저항하는 모습을 보여 주는데, 재미있는 아이디어 같긴 했지만 어째서인지 좀 심심했다. 무슨 일이 일어나는지가 표현되지 않은 탓이었다. 그래서 나는 마음속에 그 주제를 보관해 두고 다른 주제, 다음 주제로 넘어갔다.

사람들은 내가 찰리 브라운이 아닐까 하고 추측한다. 뭐, 그럴지도 모른다. 하지만 이는 다른 캐릭터들도 나의 일부를 갖고 있다는 의미에서만 옳은 말이다. 찰리 브라운은 온화한 성품을 지녔으며, 이름뿐인 '패배자'라는 역할을 받아들인다. 루시는 심술궂고 빈정대는 말을 할 수 있는 역할을 맡았다. 루시는 남자아이로 만들 수 없었다. "야, 멍청한 비글아!"라고 말하거나 찰리 브라운에게서 럭비공을 빼앗는 행동은 여자아이가 해야만 받아들일 수 있다. 이 코믹 스트립에는 심술궂은 요소가 별로 많지 않기 때문에, 이런 행동이 가능한 인물이 있다는 건 여러모로 편리하다. 그러나 루시에게는 무르고 여린 면도 있다. 루시의 세계가 엉망진창이 되었을 때 라이너스가 "그래도 누나한테는 누나를 사랑하는 남동생이 있잖아"라고 말하면 루시는 감정을 주체하지 못하고 울음을 터뜨린다.

라이너스는 나의 진지한 면을 가진 캐릭터이다. 집 안의 학자인 라이너스의 성품은 밝고 똑똑한데, 아무래도 이런 성격이 라이너스의 불안감에 일조하는 것 같다. 라이너스는 루시가 자신을 속이게 내버려 둔다. 최근 몇 년 동안에는 라이너스의 담요에 대한 이야기를 전혀 다루지 않았는데, 이건 다 자라 버린 내 아이들이 더 이상 담요를 필요로 하지 않게 된 까닭인지도 모른다. 페퍼민트 패티, 마시, 샐리, 우드스톡 같은 다른 캐릭터가 라이너스를 설득한 모양이다.

선머슴 같은 소녀 페퍼민트 패티는 솔직 담백하며, 한 가지 목표에 사력을 다해 골몰하는 끈질기고 충실한 성격이다. 사람들에게는 맹목적으로 삶을 살아가는 부분이 있는데, 이는 멋진 일이지만 때로는 큰 재난이 되기도 한다. 패티는 결코 머리가 뛰어난 아이는 아니다. 그러던 어느 날 마시가 패티 앞에 나타난다. 마시는 패티에게 충성을 다하며 패티를 '선생님'이라고 부르고 스스럼없이 패티를 따라다닌다. 이는 기만적인데, 마시는 패티보다 모든 면에서 뛰어나기 때문이다. 언제나 패티가 놓치는 진실이 마시에게는 보인다. 나는 마시를 좋아한다.

슈로더는 어떻냐고? 음, 만화를 그린 첫해에는 아기 캐릭터가 필요했는데, 그때 우리 집 아이가 매우 어렸다. 내 딸 메러디스에게 장난감 피아노를 막 사 줬을 무렵이었다. 슈로더에게 뭔가를 시켜야 했기에, 나는 슈로더를 빨리 자라게 해서 베토벤을 연주시켰다. 여기에서 피아노에 기댄 루시의 모습이 나타났는데, 슈로더를 좋아하는 루시의 설정은 음악가에게 빠지는 여성들에 대한 패러디이자 '트럼펫 연주자와는 절대 연애해선 안 돼'라며 경고하는 늙은 고모들에 대한 패러디이다. 슈로더는 꿋꿋이 루시를 거절하지만, 그렇게 슈로더가 루시를 밀어낼수록 루시의 열정은 더 커진다.

한편 샐리는 완전한 실용주의자다. 개인적으로는 샐리를 좋아하지 않는데 샐리가 오빠인 찰리 브라운에게 버릇없이 구는 탓이다. 나는 샐리에게 쉽게 화가 나곤 한다. 그렇지만 샐리의 언어 파괴에는 매력적인 데가 있다. "이런! 센티미터*가 한 마리라도 이 방에 들어오면, 난 그걸 밟아서 죽여 버릴 거야!"

몰리 발리는 최근 내가 테니스를 치다가 코트에서 사람들이 어떻게 행동하는지를 희화화해 보면서 빠르게 만들어 낸 캐릭터이다. 몰리는 중요한 건 오직 승리뿐이라는, 흔한 미국적 신념을 몸소 실천하는 강인한 인물이다. 몰리는 결코 속임수를 쓰지 않는다. 다만 판정을 좀 모호하게 만들 뿐이다. 골프 선수인 아널드 파머처럼 전용 비행기를 타고 토너먼트 대회에 참석하지도 않는다. 여러분은 챔피언이 윔블던에서 탄생한다고 생각하는가? 챔피언은 바람이 몰아치는 외딴 오지에서 열리는, 아무도 관전하지 않고 신경조차 쓰지 않는 토너먼트에서 만들어진다. 찰리 브라운은 몰리의 행동에 소스라치지만, 나는 몰리에게 공감할 수 있다.

스누피의 형 스파이크는 특정한 장소에서 불러일으킨

---

* 샐리가 지네centipede를 센티미터centimeter와 혼동한 것.

이미지의 훌륭한 예라고 할 수 있다. 스파이크는 니들스 외곽 지역에서 코요테들과 함께 산다고 알려져 있으나, 스파이크에 대한 정보는 그것뿐이다. 스파이크의 가늘고 약간 이국적인 수염과 감정이 풍부한 눈에는 수상한 분위기가 감돌며, 이 모습은 스누피와 전혀 다르다. 스파이크는 상상의 영역 속에 있다.

스누피에게는 상상의 여지가 많지 않다. 삶에 대한 스누피의 풍부한 상상은 너무나 구체적이다. 스누피는 유명 작가가 되거나 소프위드 캐멀 전투기를 탄 제1차 세계 대전의 격추왕이 되어 붉은 남작에게 악담을 퍼붓는다. 스누피는 매일 밤 그에게 먹이를 주는 찰리 브라운에게 주인 대접을 제대로 해 주지 않는다. 스누피는 찰리 브라운의 영역을 훌쩍 넘어선 곳에 있으며, 이런 그를 쫓아갈 수 있는 것은 우드스톡뿐이다.

우드스톡이 어디서 나타났는지는 알 수 없다. 원래 우드스톡은 수컷이 아니었다. 우드스톡은 스누피의 배 위에 있던 둥지에서 태어난, 누가 누구인지 구분이 안 되는 새끼 새 두 마리 중 하나였다. 이런 사건 속에서 스누피는 새들이 언제까지 둥지에 머무를지 근심한다. 새들은 나는 연습을 시작한 뒤에도 불안정하게 흔들리면서 둥지로 돌아온다.

흠, 우드스톡에게 아직 이름이 없을 무렵에 그는 계속 떠나고 싶어 하지 않는 듯했다. 스누피의 비서가 된 우드스톡은 암컷처럼 보였으나, 우드스톡에게 이름을 붙여야 할 때가 오자 수컷이라고 하는 편이 나을 것 같았다. 그래서 그는 축제 이후에 우드스톡이라는 이름을 갖게 되었다.

우드스톡을 보면서 나는 다른 아이디어를 떠올리기도 했다. 우드스톡과 스누피가 캠핑을 갔을 때, 우드스톡은 하늘 높이 기러기 떼의 장엄한 비행이 펼쳐지는 것을 보고 자신의 존재가 너무 작고 사소하기 그지없다는 사실을 절감한다. 우리 모두에게도 이 같은 문제가 있다. 우주가 우리를 압도할 때, 우리는 너무나 작은 존재에 불과하다는 사실을 갑자기 깨닫게 된다. 이런 깨달음은 두려움을 불러일으키는데, 이런 감정을 극복하기 위해 필요한 것은 일종의 성숙함이다. 그걸 얻기 위한 탐색을 포기하는 순간 우리는 비극적인 결과 앞에 자신을 내버려 두게 된다. 우드스톡은 이런 아이디어를 가볍게 표현하는 수단이 되어 주었다.

이미 말한 것처럼 코믹 스트립은 풍부한 소재의 원천이다. 텔레비전에 대한 내 의구심이란 이런 종류의 절제된 시詩를 텔레비전용 각본으로 표현할 수 있을까 하는 극히 사소한 것에 불과하다. 텔레비전에서 우리는 쉬운 길을 따라가며 만족하는 경향이 있다. 이는 라이너스가 찰리 브라운에게 아이들은 열여덟 살이 되면 집을 떠나야 한다고 설명하는 것과 같은 문제다.

"일요일에도 떠나야 해?" 찰리 브라운이 묻는다.

텔레비전 또한 성장해야 한다. 그게 일요일이라고 해도.

찰스 슐츠, 「말하지 않는 개를 데리고 뭘 할까?」, 「TV 가이드」, 1980년 2월 23일 자, 22~24쪽.

인생이라는 책에는
뒷면에 정답이 없어!

- 찰리 브라운

눈부시게 작고 하찮은 인생

　　찰스 슐츠는 신디케이트 회사가 자신의 만화에 붙인 '피너츠'라는 제목을 끈질기게 싫어했다. 찰스 슐츠가 원한 것은 찰리 브라운이라는, 자신의 중요한 일부가 반영된 작은 남자아이의 가치를 좀 더 잘 드러내 주는 제목이었을 것이다. 그러나 의도하였든 아니든, 작고 보잘것없는 땅콩을 의미하는 '피너츠'라는 제목도 그 나름대로 이 작품의 어떤 미덕을 포착하고 있다. 『피너츠』는 자그마한 아이의 얼굴을 한 패배자들의 이야기이고, 그들의 삶은 본질적으로 별 볼 일 없는 것이지만 그럼에도 매 순간 그 작은 인생들 안에는 고통과 희망의 거대한 우주가 담긴다. 독자들은 『피너츠』에 등장하는 아이들의 거창하지 않은 말들과 솔직한 표정에 공감과 위로를 얻는다. 이 조그만 '땅콩'들은 사람들의 마음속 깊은 곳까지 무한히 가지를 뻗어 나가는 씨앗들인 것이다.

　　『피너츠』는 국내에도 수많은 팬을 거느린 시리즈이지만, 나는 여태껏 이 시리즈를 열렬히 좋아할 정도로 많이 접한 적이 없었다. 다만 비틀비틀한 듯 부드럽게 이어지는 단순한 펜 선으로 이루어진, 동그란 형태의 『피너츠』캐릭터들만큼은 삶의 군데군데에서 마주치곤 했으므로 익숙했다. 그 디자인 속에는 언제 어디서 처음 본 것인지도 기억이 나지 않을 정도로 친근한 '포근함'이 있었다. 이를테면 나는 이 책을 읽으면서 갑자기 초등학교 시절 한창 아이들 사이에 스킬 자수가 유행했던 무렵을 떠올렸다. 나 역시도 유행에 휩쓸려 학교 앞 문구점에서 털실과 도안을 골랐는데, 그때 자연스럽게 '스누피로 해야지'라고 생각하고 스누피의 옆모습이 크게 그려진 도안으로 자수를 놓기 시작했던 것이다. 예나 지금이나 한결같이 끈기는 없는 탓에 결국 배경까지 완벽하게는 완성하지 못했지만, 몽상을 즐기는 이 유별난 강아지의 폭신한 몸체에 털실을 붙여 주는 데에는 성공했다. 그 시절의 나는 『피너츠』라는 제목조차도 몰랐지만 어쨌든 '스누피라는 개'는 알고 있었고 그 형태가 귀엽다고 생각했던 것이다. 그렇게 나는 알게 모르게 『피너츠』가 세계의 수많은 사람들에게 끼친 영향의 언저리에 있었던 셈이다.

만화 작품으로서의 『피너츠』가 이룩한 성취에 대해서

는 말을 보태 봤자 사족일 것이다. 『피너츠』는 신문에 연재되는 작은 만화에서 출발했지만 그 자신의 영역을 확고히 이룩하면서 아주 먼 곳까지 나아갔다. 그러면서도 또한 『피너츠』에는 평범한 신문 지면의 한 귀퉁이에서 계속 자리를 지키며 본분을 다하는 겸허함이 있었는데, 이 역시 지극히 『피너츠』다운 미덕이라고 할 수밖에 없다. 사소하면서도 위대한 것, 눈부시도록 하찮은 것. 그것이 바로 『피너츠』의 속성이었으며, 또 그 세계를 만들어 낸 찰스 슐츠의 인생이기도 했다.

이 책을 번역하면서, 다소 익숙한 『피너츠』와는 또 다른 세계, 즉 작가인 찰스 슐츠의 세계를 만날 수 있었다. 나는 그가 그린 작품들을 찾아보고 뒤늦은 사랑에 빠지기 전부터 이미 슐츠에게 크나큰 애정을 느꼈는데, 아마 여기에 수록된 글들에서 그가 시종일관 끈질기게 표현하고 있는, 만화에 대한 그의 순수하고도 지극한 애정 때문이리라. 슐츠는 어려서부터 신문의 연재만화를 사랑하며 자라났고, 언젠가는 자신이 그런 만화를 그려 다른 사람들을 기쁘게 할 수 있을 거라는 사실을 한 번도 의심하지 않았다. 그는 내가 더없이 부러워하는 종류의 사람, '오직 한 가지 일만을 아는 사람'이다. 그래서인지 찰스 슐츠는 전반적으로 패배자의 정서를 유지하면서도 또한 자신의 업과 그 업이 속해 있는 이 세계에 대한 낙관을 잃지 않는다. 그는 열심히 그리지 않는 작가들을 비판하고 사소한 일들에 절망하지만, 다른 한편으로는 자신이 믿는 신과 인류를 사랑하고 '포근한 강아지' 같은 행복을 믿으며 또 무엇보다도 만화의 가치를 믿는 사람이다. 그런 의미에서 그는 훌륭한 미국인이었으며, 또 자신이 믿는 가치를 불어넣은 작품 활동을 통해 '미국인'을 만들어 내기도 했다.

찰스 슐츠는 그가 창조한 것들로 20세기의 마지막 반세기를 풍미하고 2000년에 세상을 떠났다. 그의 작품 역시 그보다 하루 더 연재되었을 뿐이다. 이제 찰스 슐츠도, 그가 그리는 새로운 피너츠도 없다. 그러나 우리는 여전히 피너츠 영화가 새로 만들어지고 캐릭터 상품들이 팔리고 전시회가 개최되는 시대에 살고 있으며, 무엇보다도, 『피너츠』가 남긴, 특정한 시대와 지역을 초월한 귀한 보석 같은 정신성의 영향 아래에 있다. 『피너츠』의 인기 현상은 사람들 사이에서 행복하게 사는 일이 점점 더 힘들어지고 있는 이 복잡하고 탈 많은 세상에도 그야말로 라이너스의 말처럼 "나는 인간은 싫어하지만 인류는 사랑해!"라고 칭할 수 있는 좋은 것들이 남아 있다는 걸 알려 준다. 『피너츠』라는 작품도 그렇지만, 밉지 않은 냉소와 세상에 대해 감출 수 없는 기대를 품은 순수한 패배자들 그리고 그 패배자의 정서에 공감하고 그들을 사랑하는 수많은 사람들의 존재 역시 『피너츠』가 알려 준 좋은 것들 중 하나다. 그런 의미에서 우리는 여전히 찰스 슐츠가 남긴 선물 사이에서 살고 있으며, 그 삶은 분명 『피너츠』가 부재하는 삶보다는 조금은 덜 외로운 것일 터다.

이 책으로 새롭게 만난 찰스 슐츠와 다시 한번 '제대로' 만날 수 있었던 『피너츠』를 생각하면, 찰스 슐츠처럼 20세기에 자신의 영역에서 독보적인 성취를 이루고 세상을 떠난 미국의 동화 작가 닥터 수스의 말이 떠오른다. "이별을 슬퍼하지 말고 그 경험을 할 수 있었다는 것에 기뻐하라." 내가 그를 잘 알기도 전에 세상을 떠나 버린 찰스 슐츠와의 이별은 슬픈 일이지만 그래도 그와의 만남은 반갑고도 기꺼운 것이었다. 그 덕에 나는 앞으로도 여전히 패배자들의 성인聖人이자 찰스 슐츠가 남긴 죽지 않는 분신, 찰리 브라운과 그 친구들을 만날 수 있을 것이다. 우리는 그가 없는 세기에도 여전히 그의 세계를 위안 삼아 계속 살아가야 할 것이므로.

2015년 12월

이솔

찰스 슐츠 연보

1922년 찰스 슐츠가 독일 태생의 이발사 칼 슐츠와 아내 디나 핼버슨 슐츠의 외아들로, 11월 26일에 미네소타 주 미니애폴리스 남쪽의 시카고 애비뉴 19번지에 있는 연립주택 2동에서 태어난다. 찰스 슐츠의 삼촌은 코믹 스트립 『바니 구글』에 등장하는 경주마 스파크 플러그의 이름을 따서 슐츠에게 '스파키'라는 별명을 붙여 준다.

1928년 슐츠 가족이 세인트폴 제임스 애비뉴에 살게 된다. 찰스 슐츠는 매톡스 스쿨의 유치원에 다니면서 처음으로 그림 그리기를 권하는 선생님을 만난다.

1934년 슐츠 가족이 흰색과 검은색의 얼룩이 있는 스파이크라는 이름의 잡종견을 키우기로 한다. 이 개는 훗날 스누피가 만들어지는 데 영향을 끼친다.

1936년 슐츠 가족이 세인트폴 매컬러스터 스트리트 473번지로 이사한다. 찰스 슐츠가 세인트폴 센트럴 고등학교에 입학하고, 하이랜드 파크 골프 클럽에서 캐디 일을 시작한다.

1937년 슐츠가 그린 스파이크 그림이 로버트 리플리의 신문 만화 작품인 『믿거나 말거나』 2월 22일 자에 사용되면서 슐츠의 그림이 최초로 출판된다.

1940년   슐츠가 고등학교를 졸업한다. 3학년 학교 문집에 쓰일 그림을 그려 기고하지만 실리지 않는다.

1941년   슐츠가 미니애폴리스 연방 학교(아트 인스트럭션 스쿨의 전신)에서 제공하는 만화 통신 강의에 등록한다.

1943년   슐츠의 어머니 디나 슐츠가 암으로 사망한다. 슐츠는 제2차 세계 대전에 징집되어 프랑스와 독일에서 제20 기갑사단의 보병, 하사, 기관총 사수로 참전한다.

1945년   군대에서 전역한 뒤 세인트폴로 돌아와 로마 가톨릭 출판사에서 출간되는 『타임리스 토픽스』의 만화 페이지 식자 작업 일을 얻고 아트 인스트럭션 스쿨의 강사가 된다. 스넬링 애비뉴와 셸비 애비뉴 사이, 아버지의 이발소가 1층에 자리한 건물의 위층에서 아버지와 함께 살기로 한다.

1947년   슐츠가 『릴 폭스』라는 만화 작품을 세인트폴 『파이어니어 프레스』에 기고하기 시작한다. 『릴 폭스』는 2년간 주간 만화로 연재된다.

1948년   슐츠가 『새터데이 이브닝 포스트』에 단컷 만화를 판매한다. 1950년까지 16편의 단컷 만화를 더 싣는다.

1950년 슐츠가 『릴 폭스』 시리즈 작품을 모아 유나이티드 피처 신디케이트에 보내자, 회사에서는 슐츠를 뉴욕으로 불러 코믹 스트립 계약을 체결한다. 10월 2일에 슐츠의 첫 번째 『피너츠』 평일판 만화가 7종의 신문에 배급된다. 미니애폴리스 북부 올리버 애비뉴의 5521번지로 거주지를 옮긴다.

1951년 슐츠가 조이스 핼버슨(슐츠의 어머니 쪽 친척과는 관계없음)과 4월 18일에 결혼한다. 슐츠와 조이스 핼버슨은 메러디스, 찰스 먼로(몬티), 크레이그, 에이미, 질, 이렇게 다섯 명의 아이를 두었다. 슐츠의 아버지 칼 슐츠가 애너벨과 재혼한다. 슐츠와 그의 가족은 콜로라도 주 콜로라도스프링스로 이사하지만, 이듬해에 미네소타로 돌아온다.

1952년 1월 6일에 『피너츠』 일요판 만화 연재가 시작된다. 『피너츠』 코믹 스트립은 미국 전역의 신문 40종에 배급되고, 라인하트 출판사에서 첫 번째 『피너츠』 모음집을 출간한다.

1955년 슐츠가 미국 만화가 협회로부터 만화가로서 가장 명예로운 상인 루벤상(만화가 루브 골드버그의 이름을 딴 상)을 수상한다.

1958년 『피너츠』가 미국 신문 355종과 해외 일간지 40종에 배
급되고, 예일대학교에서는 슐츠를 '올해의 유머 작가'
로 선정한다. 슐츠 가족은 캘리포니아 세바스토폴의 커
피 레인 2162번지로 이사한다.

1960년 슐츠가 미국 교육 협회로부터 스쿨벨상을 받는다. 『피
너츠』 캐릭터를 쓴 첫 번째 홀마크 카드가 판매된다.

1962년 슐츠의 책 『행복은 포근한 강아지』가 디터민드 프로덕
션에서 출간된다. 미국 만화가 협회에서 『피너츠』를 '올
해 최고의 유머 코믹 스트립'으로 선정한다.

1963년 인디애나 주 앤더슨의 앤더슨칼리지에서 슐츠에게 명
예 인문학 박사 학위를 수여한다.

1964년 로버트 쇼트의 『피너츠 복음』이 존 녹스 출판사에서 출
간된다. 슐츠는 미국 만화가 협회로부터 두 번째 루벤
상을 수상한다.

1965년 『피너츠』가 4월 9일 자 『타임』의 표지로 등장한다. 텔레
비전 특집 애니메이션 『찰리 브라운의 크리스마스』가
에미상과 피바디상을 동시에 수상한다.

1966년 슐츠가 캘리포니아 주 모라가의 세인트메리칼리지에서
명예 인문학 박사 학위를 수여받는다. 슐츠의 아버지
칼 슐츠가 미네소타를 떠나 캘리포니아에 방문차 와 있

는 동안 심근 경색으로 사망한다. 슐츠 가족이 사는 집이 마치 스누피의 개집처럼 전소된다.

1967년 뉴욕 아트 디렉터 클럽에서 슐츠에게 특별 공로패를 수여한다. 『피너츠』가 3월 17일 자 『라이프』의 표지로 등장한다. 뮤지컬 『찰리 브라운, 너는 좋은 애야』가 오프 브로드웨이에서 공연을 시작한다. 이 뮤지컬은 이후 4년간 계속되며, 미국 공연 역사상 가장 많이 상연된 뮤지컬이 된다. 로널드 레이건 캘리포니아 주지사가 5월 24일을 찰스 슐츠의 날로 선포한다.

1968년 로버트 쇼트의 『피너츠 우화』가 존 녹스 출판사에서 출간된다. 스누피가 유인 비행 인식 프로그램에 배치된다.

1969년 아폴로 10호에 탑승한 우주 비행사들이 스누피와 찰리 브라운을 우주로 데려간다. 4월 12일 자 『새터데이 리뷰』의 표지에 피너츠가 실린다. 슐츠의 아내 조이스가 캘리포니아 샌타로자에 레드우드 빙상 경기장을 짓고 4월 28일에 개장한다.

1970년 리 멘델슨과 슐츠가 집필한 『찰리 브라운과 찰스 슐츠』가 월드 퍼블리싱 컴퍼니 출판사에서 출간된다.

1971년 캘리포니아 주 샌디에이고에서 6월 17일을 『피너츠』의 날로 선포하고 슐츠에게 '도시의 열쇠'를 수여한다. 스누피가 홀트 라인하트 앤드 윈스턴 출판사에서 『어둡고 폭풍우가 치는 밤이었다』를 출간한다. 『피너츠』가 12월 27일 자 『뉴스위크』의 표지에 등장하고, 스누피가 홀리 데이 아이스 쇼에 참가한다. 『피너츠』가 1,100종의 신문 에 배급되면서 1억 명 이상의 독자들에게 읽히게 된다.

1972년 슐츠가 조이스 핼버슨과 이혼한다.

1973년 슐츠가 9월 23일에 진 포사이스(지니)와 결혼한다. 슐 츠는 레드우드 빙상 경기장과 인접한 캘리포니아 샌타 로자의 스누피 플레이스에 작업실 건물을 짓는다. '올 해의 빅브라더상'을 수상하고, 텔레비전 특집 애니메이 션 『찰리 브라운의 추수 감사절』의 각본으로 에미상을 받는다.

1974년 패서디나에서 열린 로즈 퍼레이드 토너먼트에서 슐츠 가 그랜드마셜로 임명된다.

1975년 『피너츠』가 1,480종의 미국 신문과 175종의 해외 신문 에 배급된다. 홀트 라인하트 앤드 윈스턴 출판사에서 『피너츠 25주년 기념 – 찰리 브라운과 함께한 나의 삶 과 예술』을 출간한다. 텔레비전 특집 방송인 『찰리 브라 운, 넌 멋진 친구야』가 에미상을 수상한다.

1976년 텔레비전 특집 방송인 『기념일 축하해, 찰리 브라운』이

에미상을 수상한다.

1978년 몬트리올의 국제 유머 협회에서 슐츠를 '올해의 만화가'로 선정한다.

1979년 텔레비전 특집 방송 『생일 축하해, 찰리 브라운』이 에미상을 수상한다.

1980년 만화에 기여한 공로로 유나이티드 피처 신디케이트로부터 슐츠가 직접 찰스 M. 슐츠상을 수상한다. 슐츠와 R. 스미스 킬리퍼가 쓴 『찰리 브라운과 스누피와 나』가 더블데이 출판사에서 출간된다. 텔레비전 특집 방송인 『인생은 서커스야, 찰리 브라운』이 에미상을 받는다.

1983년 텔레비전 특집 방송인 『찰리 브라운, 우리가 배운 게 뭐지?』가 피바디상을 수상한다. 캘리포니아 주 부에나파크의 노츠베리팜에 '캠프 스누피'가 개장된다.

1984년 『피너츠』가 2,000번째 신문 연재처에 팔리고 『기네스북』에 등재된다.

1985년 슐츠의 책 『찰리 브라운, 넌 서른다섯 살로는 안 보여』가 홀트 라인하트 앤드 윈스턴 출판사에서 출간된다. 캘리포니아 주 오클랜드 박물관에서 기념 전시로 『찰스 슐츠의 시각 예술전』을 열고 도록을 출간한다.

1986년 만화 예술 박물관에서 만화가 명예의 전당에 슐츠를 올리고, 공로상인 황금벽돌상을 슐츠에게 수여한다.

1989년 레타 그림슬리 존슨이 슐츠의 협력을 받아 집필한 전기
『맙소사 – 찰스 슐츠 이야기』가 파라오스 북스 출판사
에서 출간된다.

1990년 프랑스 문화부 장관이 슐츠에게 예술 훈장을 수여하
고, 루브르에서는 『스누피 유행』 전시가 열린다. 워싱턴
D.C.의 미국 역사 박물관에서 역사 전시회 『찰리 브라
운, 이게 네 어린 시절이야 – 미국 문화 속의 어린이』를
연다.

1992년 몬트리올 미술관에서 『걸작 스누피』 전시를 연다. 이탈
리아 문화부 장관이 슐츠에게 공로 훈장을 수여한다.

1994년 슐츠의 『45년간의 세계 일주 – 찰리 브라운을 기념하
며』가 앤드루스 앤드 맥밀 출판사에서 출간된다.

1995년 『피너츠』의 45주년을 기념하는 행사 『달을 여행하고 다
시 집에 돌아오다 – 찰스 슐츠의 예술에 바치는 찬사』가
휴스턴의 우주 센터에서 개최된다. A&E TV 전기 채널
에서 『찰스 슐츠 – 찰리 브라운 같은 삶』을 방영한다.

1996년 할리우드 명예의 거리에 슐츠를 기념하는 별이 새겨
진다.

1997년 엘렌 타페 츠빌리히가 작곡한 곡 『피너츠 갤러리』가 초

연된다.

1999년 『코믹스 저널』의 비평가와 만화가의 투표로, 『피너츠』
가 20세기 코믹 스트립 중에서 조지 헤리먼의 『크레이
지 캣』 다음으로 위대한 작품에 선정된다. 슐츠의 『피너
츠 – 황금빛 축하』가 하퍼콜린스 출판사에서 출간된다.
『찰리 브라운, 너는 좋은 애야』가 브로드웨이에서 새로
운 프로덕션을 통해 공연된다. 플로리다 주 보카러톤에
위치한 만화 예술 국제 미술관이 『피너츠』 코믹 스트립
을 기념하기 위해 『피너츠의 50년 – 찰스 슐츠의 예술』
전시를 1년간 개최한다.

2000년 『피너츠』의 마지막 평일판이 1월 3일에, 마지막 일요판
이 2월 13일에 실린다. 슐츠가 2월 12일 저녁에 샌타로
자의 자택에서 숨진다. 미국 만화가 협회에서는 슐츠에
게 밀턴 캐니프 공로상을 사후 수여하고, 미국 의회 또
한 민간인에게 수여하는 최고의 명예인 미의회 황금 메
달을 슐츠에게 수여한다.

찰리 브라운과 함께한 내 인생

2015년 12월 14일   초판 1쇄 발행
2024년 1월 24일   초판 4쇄 발행

지은이   **옮긴이**
찰스 슐츠   이솔

펴낸이   **펴낸곳**   **등록**
조성웅   도서출판 유유   제406-2010-000032호(2010년 4월 2일)

                   주소
                   경기도 파주시 돌곶이길 180-38, 2층 (우편번호 10881)

전화   **팩스**   **홈페이지**   **전자우편**
031-946-6869   0303-3444-4645   uupress.co.kr   uupress@gmail.com

페이스북   **트위터**
www.facebook.com/uupress   www.twitter.com/uu_press

편집   **디자인**   **마케팅**
조편   이기준   전민영

제작   **인쇄**   **제책**   **물류**
제이오   (주)민언프린텍   다온바인텍   책과일터

ISBN 979-11-85152-41-7 03990